Prüfungsvorbereitung aktuell

für Friseure

Schriftliche Gesellenprüfung Teil 2

5. Auflage

VERLAG EUROPA-LEHRMITTEL · Nourney, Vollmer GmbH & Co. KG
Düsselberger Straße 23 · 42781 Haan-Gruiten

Europa-Nr.: 65773

Herausgeber:
Lehrer im Berufsfeld Körperpflege, Landesverband Bayern e.V.

Verlagslektorat:
Anke Horst

5. Auflage 2017
Druck 5 4 3 2 1
Alle Drucke derselben Auflage sind parallel einsetzbar, da sie bis auf die Korrektur von Druckfehlern
untereinander unverändert sind.

ISBN 978-3-8085-6654-1

Alle Rechte vorbehalten. Das Werk ist urheberrechtlich geschützt.
Jede Verwertung außerhalb der gesetzlich geregelten Fälle muss vom Verlag schriftlich genehmigt werden.

© 2017 by Verlag Europa-Lehrmittel, Nourney, Vollmer GmbH & Co. KG, 42781 Haan-Gruiten
http://www.europa-lehrmittel.de

Umschlaggestaltung: Tiff.any GmbH, 10999 Berlin
unter Verwendung eines Bildmotivs von © Subbotina Anna – Fotolia.com
Satz: Satz+Layout Werkstatt Kluth GmbH, 50374 Erftstadt
Druck: Konrad Triltsch Print und digitale Medien GmbH, 97199 Ochsenfurt-Hohestadt

Vorwort

Der vorliegende Titel „Prüfungsvorbereitung aktuell für Friseure" richtet sich an die Auszubildenden des Friseurhandwerks, die sich intensiv auf die schriftliche Gesellenprüfung Teil 2 vorbereiten möchten.

Neu in der 5. Auflage

Das Buch enthält neue Gesellenprüfungen Teil 2, die vom Verband der Lehrer im Berufsfeld Körperpflege, Landesverband Bayern e.V., erstellt wurden. Der Titel wurde aktualisiert.

Aufgaben und Lösungen

Die Prüfungen enthalten sowohl die Aufgaben als auch die Lösungen. Die Aufgaben stehen jeweils auf der rechten Seite, die entsprechenden Lösungen auf der direkt nachfolgenden linken Seite. So sind die Lösungen während der Bearbeitung der Aufgaben nicht sofort einsehbar, können jedoch durch Umblättern schnell aufgeschlagen werden.

Die in Klammern angegebene Punktzahl gibt den Auszubildenden einen Eindruck über die Wertigkeit der jeweiligen Aufgabe.

Lob und Kritik

Wir wünschen Ihnen viel Freude und Erfolg bei der Arbeit mit diesem Buch. Kritische Hinweise und Vorschläge, die der Weiterentwicklung des Buches dienen, nehmen wir dankbar entgegen: lektorat@europa-lehrmittel.de

Frühjahr 2017, Herausgeber und Verlag

Die Verwendung nur eines grammatischen Geschlechts bei Berufs- und Gruppenbezeichnungen wurde im Hinblick auf den Lesefluss gewählt. Sie stellt keine Meinungsäußerung zur Geschlechterrolle dar.

INHALTSVERZEICHNIS

Prüfung 1	• Betriebsorganisation und Kundenmanagement	9
	• Friseurtechniken	25
	• Wirtschafts- und Sozialkunde	43
Prüfung 2	• Betriebsorganisation und Kundenmanagement	59
	• Friseurtechniken	75
	• Wirtschafts- und Sozialkunde	91
Prüfung 3	• Betriebsorganisation und Kundenmanagement	107
	• Friseurtechniken	125
	• Wirtschafts- und Sozialkunde	141
Prüfung 4	• Betriebsorganisation und Kundenmanagement	155
	• Friseurtechniken	173
	• Wirtschafts- und Sozialkunde	189
Prüfung 5	• Betriebsorganisation und Kundenmanagement	203
	• Friseurtechniken	221
	• Wirtschafts- und Sozialkunde	239

Prüfung 1

Schriftliche Aufgabenstellungen zu
- **Betriebsorganisation und Kundenmanagement**
- **Friseurtechniken**
- **Wirtschafts- und Sozialkunde**

*Bei den vorgegebenen Lösungen handelt es sich um Lösungsvorschläge.
Deshalb sind auch andere Lösungen zu akzeptieren.*

Beantworten Sie die Fragen mit eigenen Worten auf den vorgegebenen Zeilen!
Bei Platzmangel benutzen Sie bitte eigene Blätter unter Angabe der Ziffer der Aufgabe!

BETRIEBSORGANISATION UND KUNDENMANAGEMENT · AUFGABEN

1. Der Friseurbetrieb, in dem Sie arbeiten, wird verkauft. Der neue Inhaber ist bereit, Sie als Friseur bzw. Friseurin zu übernehmen.

   a) Ihr neuer Arbeitgeber möchte den bisher klassischen Friseursalon in einen Trendsalon umwandeln. Beschreiben Sie je eine wichtige notwendige Veränderung im Salonkonzept in Bezug auf

   ... die trendige Zielgruppe ... (2 Punkte)

   ... die Einrichtung und die Außenfassade ... (2 Punkte)

   ... die angebotenen Dienstleistungen und Produkte. (2 Punkte)

   b) Erläutern Sie zwei Aspekte, die sich für Sie persönlich als angestellter Friseur/angestellte Friseurin durch das geänderte Salonkonzept ergeben. (4 Punkte)

BETRIEBSORGANISATION UND KUNDENMANAGEMENT · LÖSUNGEN

1. Der Friseurbetrieb, in dem Sie arbeiten, wird verkauft. Der neue Inhaber ist bereit, Sie als Friseur bzw. Friseurin zu übernehmen.

    a) Ihr neuer Arbeitgeber möchte den bisher klassischen Friseursalon in einen Trendsalon umwandeln. Beschreiben Sie je eine wichtige notwendige Veränderung im Salonkonzept in Bezug auf

    ... die trendige Zielgruppe ... (2 Punkte)

    z. B. Der Salon muss die Musik, Öffnungszeiten, Dienstleistungen, Serviceleistungen

    Schaufenstergestaltung, Warenangebot anpassen.

    ... die Einrichtung und die Außenfassade ... (2 Punkte)

    z. B. Der Salon muss neu gestaltet werden. Die Einrichtung muss moderner werden.

    z. B. Der Betrieb braucht ein neues Logo, eventuell eine Leuchtreklame, ...

    ... die angebotenen Dienstleistungen und Produkte. (2 Punkte)

    z. B. Es müssen die neuesten Färbe- und Schneidetechniken angeboten werden.

    z. B. Die Dienstleistungen für ältere Menschen werden unwichtiger.

    z. B. Die Produkte müssen dem aktuellen Lifestyle entsprechen.

    b) Erläutern Sie zwei Aspekte, die sich für Sie persönlich als angestellter Friseur/angestellte Friseurin durch das geänderte Salonkonzept ergeben. (4 Punkte)

    z. B. Ich muss mich in Kleidung und Frisur den neuen Anforderungen anpassen:

    Ich muss mich modischer frisieren und kleiden (2 Punkte).

    z. B. Ich muss mich weiterbilden und stets die neuesten Trendseminare

    besuchen (2 Punkte).

c) Sie erfahren, dass Ihr neuer Arbeitgeber überlegt, ob er Franchise-Nehmer eines Trendsalons werden will. Markieren Sie die vier Aussagen, die auf das System des Franchisings zutreffen.
(4 Punkte)

- ❏ Das Geschäftsrisiko liegt beim Franchise-Geber.
- ❏ Der Franchise-Nehmer kann den Salonnamen frei wählen.
- ❏ Die Preisgestaltung liegt beim Franchise-Geber.
- ❏ Der Franchise-Geber berät den Franchise-Nehmer und unterstützt ihn.
- ❏ Der Franchise-Nehmer übernimmt das Salonkonzept.
- ❏ Die Verantwortung für den Betrieb liegt bei der Filialleitung.
- ❏ Der Franchise-Geber bestimmt das Logo und den Auftritt des Betriebes.
- ❏ Der Franchise-Geber entscheidet, welches Personal eingestellt wird.

d) Erläutern Sie einen Vorteil des Franchisings, vor allem in Bezug auf einen Trendsalon, den es auch in vielen anderen Städten gibt.
(2 Punkte)

2. Ihr neuer Arbeitgeber entscheidet sich gegen Franchising und beginnt, ein eigenes Salonkonzept zu entwickeln. Er entwickelt auch ein eigenes Marketing-Konzept.

a) Was versteht man unter Marketing?
(2 Punkte)

b) Zum Marketing gehört auch Marktforschung. Nennen Sie zwei Maßnahmen, durch die ein Friseur Marktforschung betreiben kann.
(2 Punkte)

Betriebsorganisation und Kundenmanagement · Lösungen

c) Sie erfahren, dass Ihr neuer Arbeitgeber überlegt, ob er Franchise-Nehmer eines Trendsalons werden will. Markieren Sie die vier Aussagen, die auf das System des Franchisings zutreffen.
(4 Punkte)

- ❏ Das Geschäftsrisiko liegt beim Franchise-Geber.
- ❏ Der Franchise-Nehmer kann den Salonnamen frei wählen.
- X Die Preisgestaltung liegt beim Franchise-Geber.
- X Der Franchise-Geber berät den Franchise-Nehmer und unterstützt ihn.
- X Der Franchise-Nehmer übernimmt das Salonkonzept.
- ❏ Die Verantwortung für den Betrieb liegt bei der Filialleitung.
- X Der Franchise-Geber bestimmt das Logo und den Auftritt des Betriebes.
- ❏ Der Franchise-Geber entscheidet, welches Personal eingestellt wird.

d) Erläutern Sie einen Vorteil des Franchisings, vor allem in Bezug auf einen Trendsalon, den es auch in vielen anderen Städten gibt. (2 Punkte)

z. B. Ich nutze die Bekanntheit des Salonkonzepts für mich; trendorientierte Kunden kennen das Salonkonzept von Urlaubsreisen/Städtereisen her (2 Punkte).

z. B. Ich erhalte über Schulungen regelmäßig Einblick in die neuesten Arbeitstechniken und Produkte, bleibe modisch auf dem Laufenden (2 Punkte).

2. Ihr neuer Arbeitgeber entscheidet sich gegen Franchising und beginnt, ein eigenes Salonkonzept zu entwickeln. Er entwickelt auch ein eigenes Marketing-Konzept.

   a) Was versteht man unter Marketing? (2 Punkte)

   z. B. Marketing sind alle Überlegungen und Maßnahmen, mit denen ein Betrieb versucht, mit Waren und Dienstleistungen zu wirtschaften.

   b) Zum Marketing gehört auch Marktforschung. Nennen Sie zwei Maßnahmen, durch die ein Friseur Marktforschung betreiben kann. (2 Punkte)

   z. B. Er kann Kundenbefragungen durchführen; Fragebögen ausfüllen lassen;

   z. B. Er kann Branchenberichte oder Statistiken auswerten.

c) Jeder Friseurunternehmer gestaltet aus den fünf absatzpolitischen Instrumenten einen eigenen Marketing-Mix. Ordnen Sie folgende Maßnahmen den fünf Instrumenten zu.

(5 Punkte)

Marketinginstrument	Buchstabe		Marketingmaßnahme
Produktpolitik	_____	A	Er verkauft Produkte auch über das Internet.
Preispolitik	_____	B	Er bietet alle Kaffeevariationen und Mineralwasser an.
Servicepolitik	_____	C	Er bietet auch Haarschmuck zum Verkauf an.
Kommunikationspolitik	_____	D	Er gestaltet einen Bus mit einer Werbefolie.
Distributionspolitik	_____	E	Er bietet auch günstige „Lehrlingsschnitte" an.

3. Der Friseurbetrieb hat nur einen sehr kleinen Lagerraum.

   a) Zählen Sie drei Vorteile eines kleinen Lagers auf. (3 Punkte)

   b) Ihr neuer Arbeitgeber entscheidet sich für eine geordnete Lagerhaltung. Wodurch ist diese gekennzeichnet? Nennen Sie zwei Punkte. (2 Punkte)

   c) Damit immer genug Ware auf Lager ist, führt Ihr Arbeitgeber für jedes Produkt einen Meldebestand ein. Beschreiben Sie den Nutzen. (2 Punkte)

   d) Auf den Produkten zur Haarreinigung und Haarpflege ist meistens kein Mindesthaltbarkeitsdatum angegeben. Wie lange sind sie deshalb laut Kosmetikverordnung ungeöffnet mindestens haltbar? (1 Punkt)

c) Jeder Friseurunternehmer gestaltet aus den fünf absatzpolitischen Instrumenten einen eigenen Marketing-Mix. Ordnen Sie folgende Maßnahmen den fünf Instrumenten zu.

(5 Punkte)

Marketinginstrument	Buchstabe		Marketingmaßnahme
Produktpolitik	*C*	A	Er verkauft Produkte auch über das Internet.
Preispolitik	*E*	B	Er bietet alle Kaffeevariationen und Mineralwasser an.
Servicepolitik	*B*	C	Er bietet auch Haarschmuck zum Verkauf an.
Kommunikationspolitik	*D*	D	Er gestaltet einen Bus mit einer Werbefolie.
Distributionspolitik	*A*	E	Er bietet auch günstige „Lehrlingsschnitte" an.

3. Der Friseurbetrieb hat nur einen sehr kleinen Lagerraum.

   a) Zählen Sie drei Vorteile eines kleinen Lagers auf. (3 Punkte)

   z. B. Geringe Kapitalbindung

   z. B. Geringere Gefahr des Verderbs

   z. B. Hohe Flexibilität bei der Anpassung an Trends

   z. B. Niedrige Lagerkosten

   b) Ihr neuer Arbeitgeber entscheidet sich für eine geordnete Lagerhaltung. Wodurch ist diese gekennzeichnet? Nennen Sie zwei Punkte. (2 Punkte)

   z. B. Die vorhandene Ware hat immer einen festen Platz.

   z. B. Bessere Übersicht über den Lagerbestand.

   z. B. Inventur wird erleichtert.

   c) Damit immer genug Ware auf Lager ist, führt Ihr Arbeitgeber für jedes Produkt einen Meldebestand ein. Beschreiben Sie den Nutzen. (2 Punkte)

   z. B. Wenn von einem Produkt der Meldebestand unterschritten wird, wird sofort nachbestellt (1 Punkt).

   z. B. So ist immer genug Ware im Lager (1 Punkt).

   d) Auf den Produkten zur Haarreinigung und Haarpflege ist meistens kein Mindesthaltbarkeitsdatum angegeben. Wie lange sind sie deshalb laut Kosmetikverordnung ungeöffnet mindestens haltbar? (1 Punkt)

   30 Monate (auch: 2,5 Jahre)

e) Woher wissen Friseur und Verbraucher, wie lange die geöffneten Produkte gefahrlos benutzt werden können? (2 Punkte)

4. In dem Friseurbetrieb wird es zukünftig eine Kosmetikkabine geben. Ihr Arbeitgeber will auch den Verkauf von Kosmetika verstärken.

   a) Die Kosmetikartikel werden in zwei Gruppen eingeteilt: Die Verkaufswaren und die Kabinettwaren. Erläutern Sie diese Einteilung. (2 Punkte)

   b) Kabinettware muss sorgsam behandelt werden, damit sie nicht vorzeitig verdirbt. Zählen Sie drei Regeln des sorgsamen Umgangs auf. (3 Punkte)

   c) Wie kann man sicherstellen, dass im Salon die Kabinettware nur so lange verwendet wird, wie die Kosmetikverordnung es erlaubt? (1 Punkt)

   d) Im Kassenbereich sollen künftig eine Vielzahl von Kosmetikartikeln angeboten werden. Ordnen Sie den Verkaufsformen die passenden Verfahren zu. (3 Punkte)

Verkaufsform	Buchstabe	Aussage
Selbstbedienung	_____	**A** Der Kunde informiert sich mit Testern über die Ware, erhält sein Produkt aber vom Friseur.
Bedienung	_____	**B** Der Kunde informiert sich mit Testern und darf sich sein Produkt selber nehmen.
Vorwahl	_____	**C** Der Friseur informiert den Kunden und überreicht ihm das gewünschte Produkt.

BETRIEBSORGANISATION UND KUNDENMANAGEMENT · LÖSUNGEN

e) Woher wissen Friseur und Verbraucher, wie lange die geöffneten Produkte gefahrlos benutzt werden können? (2 Punkte)

z. B. Auf dem Produkt ist ein Zeichen mit einem geöffneten Tiegel (1 Punkt).

z. B. Die Zahl, die hier steht, gibt die Zahl der Monate an (12 M = 12 Monate) (1 Punkt)

4. In dem Friseurbetrieb wird es zukünftig eine Kosmetikkabine geben. Ihr Arbeitgeber will auch den Verkauf von Kosmetika verstärken.

   a) Die Kosmetikartikel werden in zwei Gruppen eingeteilt: Die Verkaufswaren und die Kabinettwaren. Erläutern Sie diese Einteilung. (2 Punkte)

   z. B. Verkaufswaren werden dem Kunden zum Kauf angeboten, er nimmt sie zur Anwendung mit nach Hause.

   z. B. Kabinettware wird im Salon bei den Dienstleistungen verbraucht.

   b) Kabinettware muss sorgsam behandelt werden, damit sie nicht vorzeitig verdirbt. Zählen Sie drei Regeln des sorgsamen Umgangs auf. (3 Punkte)

   z. B. Produkte möglichst kühl und dunkel lagern, evtl. in einem Kühlschrank (1 Punkt).

   z. B. Verpackungen nach Gebrauch sofort wieder verschließen (1 Punkt).

   z. B. Material nicht mit den Fingern, sondern mit einem desinfizierten Spatel entnehmen (1 Punkt).

   c) Wie kann man sicherstellen, dass im Salon die Kabinettware nur so lange verwendet wird, wie die Kosmetikverordnung es erlaubt? (1 Punkt)

   z. B. Ich notiere das Öffnungsdatum auf dem Produkt (1 Punkt).

   z. B. Ich lege eine Liste an, in der die Öffnungsdaten vermerkt sind (1 Punkt).

   d) Im Kassenbereich sollen künftig eine Vielzahl von Kosmetikartikeln angeboten werden. Ordnen Sie den Verkaufsformen die passenden Verfahren zu. (3 Punkte)

Verkaufsform	Buchstabe	Aussage
Selbstbedienung	*B*	A Der Kunde informiert sich mit Testern über die Ware, erhält sein Produkt aber vom Friseur.
Bedienung	*C*	B Der Kunde informiert sich mit Testern und darf sich sein Produkt selber nehmen.
Vorwahl	*A*	C Der Friseur informiert den Kunden und überreicht ihm das gewünschte Produkt.

e) Nennen Sie jeweils die Verkaufsform, die Ihnen für den genannten Kosmetikartikel am besten geeignet erscheint und begründen Sie Ihre Entscheidung. (4 Punkte)

Lippenstift:

Reinigungsmilch:

f) Ein Aufsteller mit 20 Tiegeln Tagescreme kostet laut Herstellerkatalog 205,00 €. Die Firma gewährt 15 % Rabatt und bei Zahlung innerhalb von 8 Tagen zusätzlich 2 % Skonto. Für Porto und Verpackung fallen 3,00 € an.
Berechnen Sie den Bezugspreis für einen Tiegel Tagescreme unter Angabe des Kalkulationsschemas, wenn alle Zahlungsvergünstigungen ausgenutzt werden. (10 Punkte)

5. In einer Teambesprechung wurden Qualitätsstandards zur Kundenbetreuung im Betrieb erarbeitet.

a) Zukünftig muss sich jeder Mitarbeiter mit einer festgelegten Formulierung am Telefon melden. Nennen Sie drei Inhalte, die in der telefonischen Begrüßung enthalten sein müssen. (3 Punkte)

BETRIEBSORGANISATION UND KUNDENMANAGEMENT · LÖSUNGEN

e) Nennen Sie jeweils die Verkaufsform, die Ihnen für den genannten Kosmetikartikel am besten geeignet erscheint und begründen Sie Ihre Entscheidung. (4 Punkte)

Lippenstift:

z. B. Vorauswahl, weil der Kunde sich den Lippenstift genau betrachten kann

und dann ganz sicher eine frische, ungebrauchte Ware erhält (2 Punkte).

Reinigungsmilch:

z. B. Bedienung, weil der Friseur nach der Hautbeurteilung dem Kunden das

Präparat empfehlen kann, das seinem Hauttyp entspricht (2 Punkte).

f) Ein Aufsteller mit 20 Tiegeln Tagescreme kostet laut Herstellerkatalog 205,00 €. Die Firma gewährt 15 % Rabatt und bei Zahlung innerhalb von 8 Tagen zusätzlich 2 % Skonto. Für Porto und Verpackung fallen 3,00 € an.
Berechnen Sie den Bezugspreis für einen Tiegel Tagescreme unter Angabe des Kalkulationsschemas, wenn alle Zahlungsvergünstigungen ausgenutzt werden. (10 Punkte)

Listenpreis	*= 205,00 €*
– 15 % Rabatt (205,00 € : 100 % · 15 %)	*= 30,75 €* (2 Punkte)
Einkaufspreis	*= 174,25 €* (1 Punkt)
– 2 % Skonto (174,25 € : 100 % · 2 %)	*= 3,49 €* (2 Punkte)
Bareinkaufspreis	*= 170,76 €* (1 Punkt)
+ Bezugskosten	*= 3,00 €*
Bezugspreis	*= 173,76 €* (1 Punkt)

173,76 € : 20 = 8,69 € (1 Punkt) *beträgt der Bezugspreis für einen Tiegel*

2 Punkte für das Rechenschema

5. In einer Teambesprechung wurden Qualitätsstandards zur Kundenbetreuung im Betrieb erarbeitet.

a) Zukünftig muss sich jeder Mitarbeiter mit einer festgelegten Formulierung am Telefon melden. Nennen Sie drei Inhalte, die in der telefonischen Begrüßung enthalten sein müssen. (3 Punkte)

z. B. Der Name des Betriebes

z. B. Der Name der Friseurin, die den Anruf annimmt

z. B. Eine Begrüßungsformel wie „Was kann ich für Sie tun?"

b) Ein kleiner Bereich des Betriebes soll als Warteecke eingerichtet werden. Es ist geplant, ihn mit vier gepolsterten Stühlen zu möblieren. Unterbreiten Sie vier Vorschläge, wie der Wartebereich zusätzlich gestaltet werden könnte. (4 Punkte)

c) Kunden, die trotz Termin länger als 10 Minuten warten müssen, sollen zukünftig eine kleine Entschädigung erhalten. Schlagen Sie eine angemessene und betriebswirtschaftlich vertretbare Entschädigung vor. (1 Punkt)

6. Sie haben einer Kundin die Haare gefärbt. Die Kundin wirkte zufrieden und hat sich verabschiedet.

a) Zwei Stunden später, kurz vor Ladenschluss, kommt die Kundin wieder in den Salon. Sie sagt direkt an der Rezeption, dass sie eine Beschwerde hätte.
Nennen Sie den Fachbegriff für Beschwerde. (1 Punkt)

b) Nennen Sie drei Regeln, die immer beim Umgang mit Kundenbeschwerden zu beachten sind. (3 Punkte)

c) Die Kundin zeigt Ihnen einen weißen Pullover, der am Halsausschnitt zwei große Farbflecken hat. Die Flecken haben genau den Farbton der neuen Haarfarbe.
Beschreiben Sie Ihre Vorgehensweise. (2 Punkte)

BETRIEBSORGANISATION UND KUNDENMANAGEMENT · LÖSUNGEN

b) Ein kleiner Bereich des Betriebes soll als Warteecke eingerichtet werden. Es ist geplant, ihn mit vier gepolsterten Stühlen zu möblieren. Unterbreiten Sie vier Vorschläge, wie der Wartebereich zusätzlich gestaltet werden könnte. (4 Punkte)

z. B. Zeitschriften/Frisurenhefte auslegen

z. B. Kaffeemaschine/Getränke zur Selbstbedienung aufstellen

z. B. Monitor mit Produktwerbung, Informationen, Unterhaltung

z. B. Dekoration mit Blumen

c) Kunden, die trotz Termin länger als 10 Minuten warten müssen, sollen zukünftig eine kleine Entschädigung erhalten. Schlagen Sie eine angemessene und betriebswirtschaftlich vertretbare Entschädigung vor. (1 Punkt)

z. B. Der Kunde erhält eine Handmassage, eine Wellness-Kopfmassage, ...

6. Sie haben einer Kundin die Haare gefärbt. Die Kundin wirkte zufrieden und hat sich verabschiedet.

   a) Zwei Stunden später, kurz vor Ladenschluss, kommt die Kundin wieder in den Salon. Sie sagt direkt an der Rezeption, dass sie eine Beschwerde hätte.
   Nennen Sie den Fachbegriff für Beschwerde. (1 Punkt)

   Reklamation

   b) Nennen Sie drei Regeln, die immer beim Umgang mit Kundenbeschwerden zu beachten sind. (3 Punkte)

   z. B. Ich schaffe eine angemessene Situation: Ruhige Ecke im Salon, Platz anbieten

   z. B. Ich höre mir die Beschwerden der Kundin ruhig an, lasse diese ausreden.

   z. B. Ich bleibe höflich und freundlich.

   z. B. Ich überprüfe die Beschwerde sofort.

   c) Die Kundin zeigt Ihnen einen weißen Pullover, der am Halsausschnitt zwei große Farbflecken hat. Die Flecken haben genau den Farbton der neuen Haarfarbe.
   Beschreiben Sie Ihre Vorgehensweise. (2 Punkte)

   z. B. Ich entschuldige mich bei der Kundin.

   z. B. Ich melde den Schaden bei der Berufshaftpflichtversicherung.

7. Sie haben einem Kunden die Haare geschnitten. Dieser hatte einen Ausschlag auf dem Kopf. Sie müssen deshalb die Werkzeuge desinfizieren.

   a) Was bewirkt das Desinfizieren? (1 Punkt)

   b) Begründen Sie die Notwendigkeit der Werkzeugdesinfektion. Welcher Übertragungsweg wird dadurch unterbunden? (3 Punkte)

   c) Markieren Sie in der folgenden Auflistung alle physikalisch wirkenden Desinfektionsmaßnahmen. (3 Punkte)

   ❏ Ich lege die Kämme und Scheren in ein desinfizierendes Tauchbad.
   ❏ Ich reibe meine Hände mit einem alkoholhaltigen Präparat ein.
   ❏ Ich bestrahle die Scheren und Kämme mit UV-Licht.
   ❏ Ich lege die Kämme und Scheren in einen Sterilisator mit Wasserdampf.
   ❏ Ich wasche den Umhang mit einem desinfizierenden Waschmittel.
   ❏ Ich wasche das Kundenhandtuch bei 95° C.

   d) Erläutern Sie den Hintergrund folgender Desinfektionsregel: „Erst desinfizieren, dann reinigen". (2 Punkte)

   e) Es gibt verschiedene Arten von Krankheitserregern. Ordnen Sie den folgenden Krankheitsbildern die Art des Erregers zu. (5 Punkte)

Krankheitsbild	Buchstabe	Art des Krankheitserregers
Krätze	_____	**A** Virus
Erworbene Immunschwäche (AIDS)	_____	**B** Bakterium
Nagelmykose	_____	**C** Milbe
Eitrige Follikulitis	_____	**D** Pilz
Hepatitis	_____	

Betriebsorganisation und Kundenmanagement · Lösungen

7. Sie haben einem Kunden die Haare geschnitten. Dieser hatte einen Ausschlag auf dem Kopf. Sie müssen deshalb die Werkzeuge desinfizieren.

a) Was bewirkt das Desinfizieren? (1 Punkt)

z. B. Krankheitserreger werden abgetötet

b) Begründen Sie die Notwendigkeit der Werkzeugdesinfektion. Welcher Übertragungsweg wird dadurch unterbunden? (3 Punkte)

z. B. Viele Krankheitserreger werden durch Kontaktinfektion übertragen (1 Punkt).

z. B. Meine Werkzeuge haben den Kunden berührt. Wenn die Werkzeuge andere Kunden oder mich berühren, ist eine Übertragung möglich (2 Punkte).

c) Markieren Sie in der folgenden Auflistung alle physikalisch wirkenden Desinfektionsmaßnahmen. (3 Punkte)

- ❏ Ich lege die Kämme und Scheren in ein desinfizierendes Tauchbad.
- ❏ Ich reibe meine Hände mit einem alkoholhaltigen Präparat ein.
- *X* Ich bestrahle die Scheren und Kämme mit UV-Licht.
- *X* Ich lege die Kämme und Scheren in einen Sterilisator mit Wasserdampf.
- ❏ Ich wasche den Umhang mit einem desinfizierenden Waschmittel.
- *X* Ich wasche das Kundenhandtuch bei 95° C.

d) Erläutern Sie den Hintergrund folgender Desinfektionsregel: „Erst desinfizieren, dann reinigen". (2 Punkte)

z. B. Wenn ich vor dem Desinfizieren reinige, leben die Krankheitserreger noch.

Dann werden sie leicht verteilt und übertragen (2 Punkte).

e) Es gibt verschiedene Arten von Krankheitserregern. Ordnen Sie den folgenden Krankheitsbildern die Art des Erregers zu. (5 Punkte)

Krankheitsbild	Buchstabe	Art des Krankheitserregers
Krätze	*C*	**A** Virus
Erworbene Immunschwäche (AIDS)	*A*	**B** Bakterium
Nagelmykose	*D*	**C** Milbe
Eitrige Follikulitis	*B*	**D** Pilz
Hepatitis	*A*	

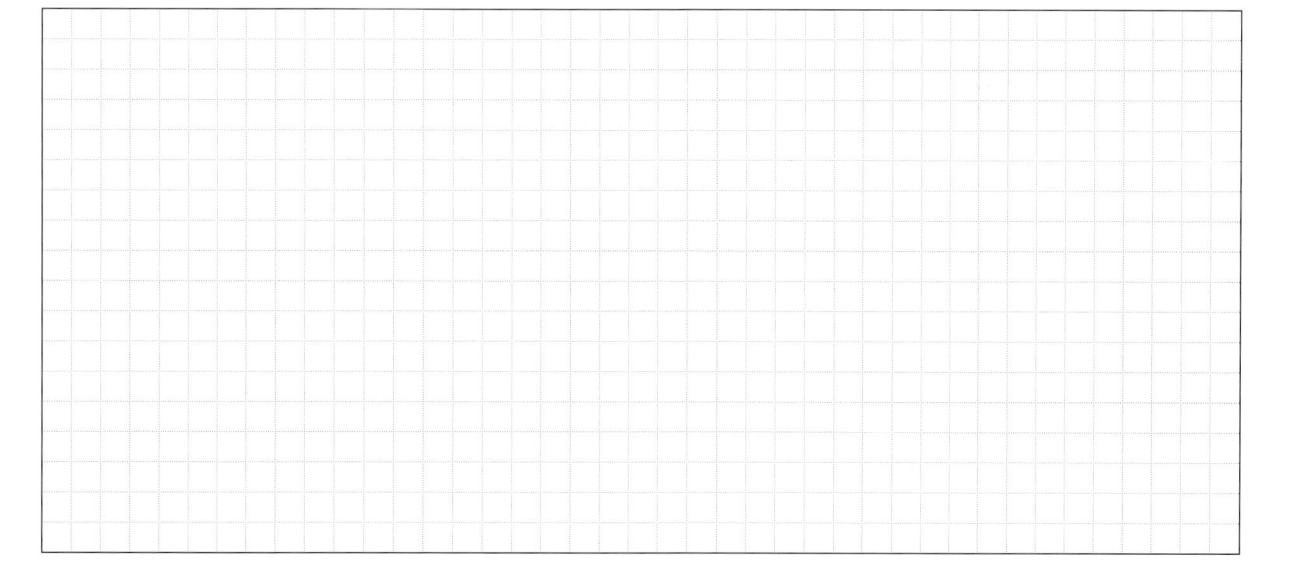

f) Die Auszubildende im ersten Lehrjahr hat schon seit drei Wochen einen Ausschlag an den Händen. Der Arzt hat ihn als Abnutzungsekzem bezeichnet. Erklären Sie die Entstehung dieses Ausschlags. (3 Punkte)

g) Geben Sie der Auszubildenden drei Ratschläge, durch deren Befolgung der Hautausschlag gemildert werden kann. (3 Punkte)

8. Die Selbstkosten für einen Herrenhaarschnitt betragen 14,00 Euro.
Kalkulieren Sie den Bruttobedienungspreis für diese Dienstleistung unter Angabe des Kalkulationsschemas, wenn mit einem Zuschlag für Gewinn und Risiko in Höhe von 22 % gerechnet wird und die Umsatzsteuer (Mehrwertsteuer) berücksichtigt werden muss. (8 Punkte)

BETRIEBSORGANISATION UND KUNDENMANAGEMENT · LÖSUNGEN

f) Die Auszubildende im ersten Lehrjahr hat schon seit drei Wochen einen Ausschlag an den Händen. Der Arzt hat ihn als Abnutzungsekzem bezeichnet. Erklären Sie die Entstehung dieses Ausschlags. (3 Punkte)

z. B. Durch häufige Feuchtarbeiten trocknet die Haut aus.

z. B. Die Haut wird durchlässiger für Schadstoffe.

z. B. Die Haut wird gereizt und entzündet sich.

g) Geben Sie der Auszubildenden drei Ratschläge, durch deren Befolgung der Hautausschlag gemildert werden kann. (3 Punkte)

z. B. Bei allen Feuchtarbeiten (nach Hautschutzplan) Handschuhe tragen.

z. B. Regelmäßige Hautpflege bzw. regelmäßiger Hautschutz durch Pflegepräparate

Alle konkreten Beispiele, die dem Hautschutzplan entsprechen, akzeptieren!

8. Die Selbstkosten für einen Herrenhaarschnitt betragen 14,00 Euro.
Kalkulieren Sie den Bruttobedienungspreis für diese Dienstleistung unter Angabe des Kalkulationsschemas, wenn mit einem Zuschlag für Gewinn und Risiko in Höhe von 22 % gerechnet wird und die Umsatzsteuer (Mehrwertsteuer) berücksichtigt werden muss. (8 Punkte)

Selbstkosten	=	*14,00 €*
+ 22 % Gewinn und Risiko (14,00 € : 100 % · 22 %)	=	*3,08 €* (2 Punkte)
Nettobedienungspreis	=	*17,08 €* (1 Punkt)
+ 19 % Mehrwertsteuer (17,08 € : 100 % · 19 %)	=	*3,25 €* (2 Punkte)
Bruttobedienungspreis	=	*20,33 €* (1 Punkt)

2 Punkte für das Rechenschema

FRISEURTECHNIKEN · AUFGABEN

In der Berufsschule wird im dritten Lehrjahr ein Projekt durchgeführt. Die Schüler sollen die Schauspieler für ein Theaterstück stylen. Im Vorfeld müssen die verschiedenen Tätigkeiten geplant und später durchgeführt werden. Sie müssen dabei die Haare färben und frisieren, ein Make-up erstellen und Fingernägel lackieren.

1. Die Hauptdarstellerin hat dunkelblondes Haar mit einem goldenen Schimmer. Sie hat wasserblaue Augen und ist schon sehr sonnengebräunt, mit goldbraunen Sommersprossen.

    a) Benennen Sie den Farbtyp, welchem das Modell zuzuordnen ist! (1 Punkt)

    _____

    b) Der Unterton der Haut ist bei den Farbtypen sehr unterschiedlich. Ergänzen Sie dazu die folgende Tabelle! (4 Punkte)

Farbtyp	Frühlingstyp	Sommertyp	Herbsttyp	Wintertyp
Hautunterton				

    c) Nennen Sie drei Bereiche der Arbeitsplanung, auf die der Farbtyp Einfluss nimmt. (3 Punkte)

    _____

    _____

    d) Markieren Sie in der folgenden Aufzählung die Auswirkungen, wenn der Kunde die „falsche Farbe" trägt. (4 Punkte)

Die Augen strahlen.	❏
Die Haut wirkt blass.	❏
Die Gesichtskontur verschwimmt.	❏
Hautrötungen werden kaschiert.	❏
Die Augen wirken farblos.	❏
Die Nase wird betont.	❏
Die Augen wirken kleiner.	❏
Die Augen wirken größer.	❏
Rötungen werden betont.	❏

2. a) Farbberatungen sind grundsätzlich im Tageslicht durchzuführen. Begründen Sie diese Tatsache. (2 Punkte)

    _____

    _____

    _____

    _____

Prüfung 1

FRISEURTECHNIKEN · LÖSUNGEN

In der Berufsschule wird im dritten Lehrjahr ein Projekt durchgeführt. Die Schüler sollen die Schauspieler für ein Theaterstück stylen. Im Vorfeld müssen die verschiedenen Tätigkeiten geplant und später durchgeführt werden. Sie müssen dabei die Haare färben und frisieren, ein Make-up erstellen und Fingernägel lackieren.

1. Die Hauptdarstellerin hat dunkelblondes Haar mit einem goldenen Schimmer. Sie hat wasserblaue Augen und ist schon sehr sonnengebräunt, mit goldbraunen Sommersprossen.

   a) Benennen Sie den Farbtyp, welchem das Modell zuzuordnen ist! (1 Punkt)

   Frühlingstyp

   b) Der Unterton der Haut ist bei den Farbtypen sehr unterschiedlich. Ergänzen Sie dazu die folgende Tabelle! (4 Punkte)

Farbtyp	Frühlingstyp	Sommertyp	Herbsttyp	Wintertyp
Hautunterton	*z. B. gelblich, goldig*	*z. B. bläulich, rosa*	*z. B. golden, pfirsich, oliv*	*z. B. bläulich, oliv*

   c) Nennen Sie drei Bereiche der Arbeitsplanung, auf die der Farbtyp Einfluss nimmt. (3 Punkte)

   die Haarfarbe, die Kleidungswahl, das Make-up und der Nagellack

   d) Markieren Sie in der folgenden Aufzählung die Auswirkungen, wenn der Kunde die „falsche Farbe" trägt. (4 Punkte)

Die Augen strahlen.	❏
Die Haut wirkt blass.	*X*
Die Gesichtskontur verschwimmt.	❏
Hautrötungen werden kaschiert.	❏
Die Augen wirken farblos.	*X*
Die Nase wird betont.	❏
Die Augen wirken kleiner.	*X*
Die Augen wirken größer.	❏
Rötungen werden betont.	*X*

2. a) Farbberatungen sind grundsätzlich im Tageslicht durchzuführen. Begründen Sie diese Tatsache. (2 Punkte)

   z. B. Die Wirkung einer Farbe wird von der Lichtquelle beeinflusst, durch die sie beleuchtet wird (2 Punkte).

   z. B. Im Tageslicht sind alle Spektralfarben enthalten, alle Farben werden sichtbar und wirken natürlich (2 Punkte).

   z. B. Bei künstlichen Lichtquellen fehlt häufig eine der Spektralfarben und dadurch wird das Erkennen einer Farbe verfälscht (2 Punkte).

b) Haarfarben werden auch als subtraktive Farben bezeichnet. Erklären Sie diese Bezeichnung.
(2 Punkte)

___

3. Die Haare der Schauspielerin haben einen Weißanteil von 50 %. Sie hatte ihre Haare schon einmal getönt. Mit dem Ergebnis war sie nicht zufrieden, da die weißen Haare nicht abgedeckt wurden.

   a) Markieren Sie drei Kundenwünsche, bei denen eine Tönung geeignet ist. (3 Punkte)

   - Die Kundin möchte eine neue dauerhafte Farbe ausprobieren. ❏
   - Die Kundin möchte eine unerwünschte Farbnuance ausgleichen. ❏
   - Die Kundin scheut sich vor einer chemischen Behandlung. ❏
   - Die Kundin möchte ihr Haar einen halben Farbton heller. ❏
   - Die Kundin möchte nur für kurze Zeit ihre Haarfarbe verändern. ❏
   - Die Kundin möchte einen Weißanteil von mehr als 30 % abdecken. ❏

   b) Die Schauspielerin fragt nach, warum die Tönung sich so schnell wieder aus dem Haar waschen lässt. Sie erklären ihr, dass in der Tönung nur Fertigfarbstoffe enthalten sind und deshalb die Haltbarkeit geringer ist.
   Benennen Sie die zwei verschiedenen Fertigfarbstoffe und beschreiben Sie kurz deren Haftvermögen. (4 Punkte)

   ___

   c) Für ihre Rolle müssen die Haare von dunkelblond auf hellblond aufgehellt werden.
   Benennen Sie die hierfür schonendste, oxidative Farbveränderung. (1 Punkt)

   ___

FRISEURTECHNIKEN · LÖSUNGEN

b) Haarfarben werden auch als subtraktive Farben bezeichnet. Erklären Sie diese Bezeichnung.

(2 Punkte)

z. B. Haarfarben zählen zu den Körperfarben (1 Punkt).

z. B. Werden diese gemischt, nimmt die Helligkeit ab, das Ergebnis erscheint dunkler und farbloser (1 Punkt).

3. Die Haare der Schauspielerin haben einen Weißanteil von 50 %. Sie hatte ihre Haare schon einmal getönt. Mit dem Ergebnis war sie nicht zufrieden, da die weißen Haare nicht abgedeckt wurden.

a) Markieren Sie drei Kundenwünsche, bei denen eine Tönung geeignet ist. (3 Punkte)

Kundenwunsch	
Die Kundin möchte eine neue dauerhafte Farbe ausprobieren.	❏
Die Kundin möchte eine unerwünschte Farbnuance ausgleichen.	X
Die Kundin scheut sich vor einer chemischen Behandlung.	X
Die Kundin möchte ihr Haar einen halben Farbton heller.	❏
Die Kundin möchte nur für kurze Zeit ihre Haarfarbe verändern.	X
Die Kundin möchte einen Weißanteil von mehr als 30 % abdecken.	❏

**b) Die Schauspielerin fragt nach, warum die Tönung sich so schnell wieder aus dem Haar waschen lässt. Sie erklären ihr, dass in der Tönung nur Fertigfarbstoffe enthalten sind und deshalb die Haltbarkeit geringer ist.
Benennen Sie die zwei verschiedenen Fertigfarbstoffe und beschreiben Sie kurz deren Haftvermögen.** (4 Punkte)

Kationaktive Farbstoffe: Haften durch ihre positive Ladung am negativ geladenem Haar.

Direktzieher/Nitrofarbstoffe: Diese sind sehr klein und nicht geladen. Durch ihre geringe Größe können sie in die Zwischenräume der Schuppenschicht eindringen.

c) Für ihre Rolle müssen die Haare von dunkelblond auf hellblond aufgehellt werden. Benennen Sie die hierfür schonendste, oxidative Farbveränderung. (1 Punkt)

Hellerfärbung

d) Begründen Sie Ihre in 3 c) getroffene Entscheidung. (3 Punkte)

e) Bei 3 c) handelt es sich um eine Oxidation. Erklären Sie den chemischen Vorgang bei dieser Farbbehandlung. (3 Punkte)

f) Um die oxidative Farbveränderung vorzunehmen, benötigen Sie die doppelte Menge an Wasserstoffperoxid wie vom Färbe- bzw. Blondiermittel.
Berechnen Sie die Konzentration und die Menge des aufgetragenen Farbbreis, wenn Sie mit 9 %igem Wasserstoffperoxid arbeiten und 35 ml vom Färbe- bzw. Blondiermittel verwenden. (5 Punkte)

Friseurtechniken · Lösungen

d) Begründen Sie Ihre in 3 c) getroffene Entscheidung. (3 Punkte)

z. B. Aufgrund des hohen Weißanteils von 50 % (1 Punkt)

sowie einer Aufhellung um 2 Töne (1 Punkt) *ist eine oxidative Behandlung notwendig* (1 Punkt).

z. B. Blondierung ist bei einer Aufhellung von 2 Farbstufen nicht nötig, da sie

das Haar zu stark strapaziert (1 Punkt).

e) Bei 3 c) handelt es sich um eine Oxidation. Erklären Sie den chemischen Vorgang bei dieser Farbbehandlung. (3 Punkte)

z. B. Sobald aktiver Sauerstoff angelagert wird, handelt es sich um eine Oxidation (1 Punkt).

Dies geschieht beim Abbau der natürlichen Pigmente (1 Punkt).

sowie bei der Entwicklung der Farbstoffvorstufen (1 Punkt).

f) Um die oxidative Farbveränderung vorzunehmen, benötigen Sie die doppelte Menge an Wasserstoffperoxid wie vom Färbe- bzw. Blondiermittel.
Berechnen Sie die Konzentration und die Menge des aufgetragenen Farbbreis, wenn Sie mit 9 %igem Wasserstoffperoxid arbeiten und 35 ml vom Färbe- bzw. Blondiermittel verwenden. (5 Punkte)

geg.: Konzentratstärke = 9 %	*ges.: Lösungsstärke*
Konzentratmenge = 2 · 35 ml	*= 70 ml* (1 Punkt)
Lösungsmenge (= Konzentratmenge + Verdünnungsmenge) = 70 ml + 35 ml	*= 105 ml* (1 Punkt)
Lösung: $\underline{KS \cdot KM}$ *Lösungsstärke = LM*	*70 ml · 9 %* *LS = 105 ml* *LS = 6 %*
(1 Punkt)	(1 Punkt) (1 Punkt)

4. Sie haben vor kurzem ein Farbseminar besucht und klären die Hauptdarstellerin über die Inhaltsstoffe und deren Aufgaben auf.

   a) Um oxidative Farbbehandlungen vorzunehmen, ist ein Oxidationsmittel notwendig. Kreuzen Sie das wichtigste Oxidationsmittel des Friseurs an. (1 Punkt)

   Alkalisierungsmittel ☐
   Wasserstoffoxid ☐
   Wasserstoffperoxid ☐
   Stabilisierungssäure ☐

   b) In welche Bestandteile zerfällt das Oxidationsmittel? (2 Punkte)

   c) Ergänzen Sie die Tabelle zu den Inhaltsstoffen der Haarfarbe und deren Aufgaben. (5 Punkte)

Inhaltsstoff	Aufgaben
Pufferstoffe	
	– werden durch Sauerstoff zu künstlichen Farbpigmenten verbunden
	– ermöglichen das gleichmäßige Benetzen des Haares – ersparen die vorherige Haarwäsche – erleichtern das Emulgieren
Alkalisierungsmittel	

5. Die Haarfarbe der Schauspielerin ist fleckig geworden. Zählen Sie drei mögliche Ursachen dafür auf. (3 Punkte)

FRISEURTECHNIKEN · LÖSUNGEN

4. Sie haben vor kurzem ein Farbseminar besucht und klären die Hauptdarstellerin über die Inhaltsstoffe und deren Aufgaben auf.

   a) Um oxidative Farbbehandlungen vorzunehmen, ist ein Oxidationsmittel notwendig. Kreuzen Sie das wichtigste Oxidationsmittel des Friseurs an. (1 Punkt)

Alkalisierungsmittel	❑
Wasserstoffoxid	❑
Wasserstoffperoxid	*X*
Stabilisierungssäure	❑

   b) In welche Bestandteile zerfällt das Oxidationsmittel? (2 Punkte)

   Das Wasserstoffperoxid zerfällt in Wasser (H_2O) und atomaren (aktiven) Sauerstoff (O).

   c) Ergänzen Sie die Tabelle zu den Inhaltsstoffen der Haarfarbe und deren Aufgaben. (5 Punkte)

Inhaltsstoff	Aufgaben
Pufferstoffe	– *halten den pH-Wert stabil*
Farbbildner/Farbvorstufen	– werden durch Sauerstoff zu künstlichen Farbpigmenten verbunden
Netzmittel/Tenside	– ermöglichen das gleichmäßige Benetzen des Haares – ersparen die vorherige Haarwäsche – erleichtern das Emulgieren
Alkalisierungsmittel	– *öffnet und quillt das Haar* – *neutralisiert die Stabilisierungssäure*

5. Die Haarfarbe der Schauspielerin ist fleckig geworden. Zählen Sie drei mögliche Ursachen dafür auf. (3 Punkte)

   z. B. Der Farbbrei wurde ungleichmäßig aufgetragen.

   z. B. Der Farbbrei wurde zu dünn aufgetragen.

   z. B. Die Haarqualität ist unterschiedlich.

   z. B. Der Färbebrei war zu wenig vermischt.

   z. B. Die Farbe wurde in der falschen Reihenfolge aufgetragen.

6. Sie sind bei der Planung der Hände angelangt und erkennen folgende Nagelform.

   a) Nennen Sie die Nagelform der Schauspielerin (1 Punkt)

   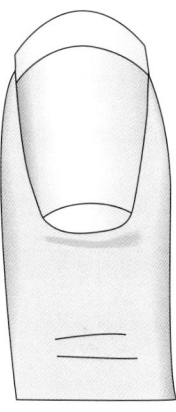

   _____

   b) Gleichen Sie die Nagelform aus, indem Sie einen möglichen Lackauftrag einzeichnen. (1 Punkt)

   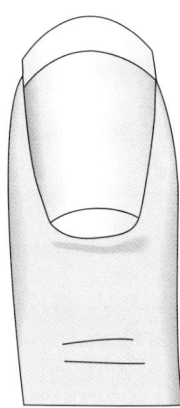

   _____

   c) Beschriften Sie die Bestandteile des Fingernagels. (8 Punkte)

   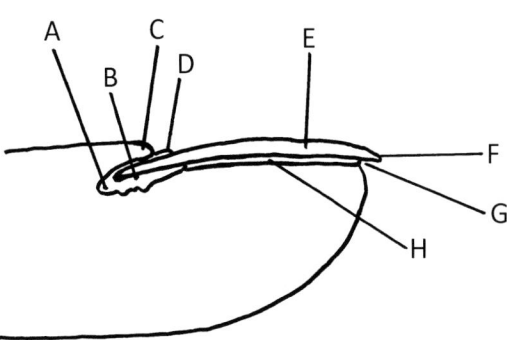

A –	E –
B –	F –
C –	G –
D –	H –

6. Sie sind bei der Planung der Hände angelangt und erkennen folgende Nagelform.

   a) Nennen Sie die Nagelform der Schauspielerin (1 Punkt)

   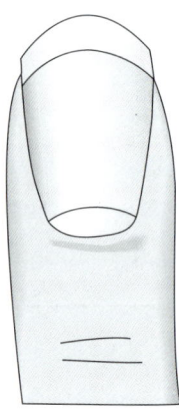

   Trapezförmig

   b) Gleichen Sie die Nagelform aus, indem Sie einen möglichen Lackauftrag einzeichnen. (1 Punkt)

   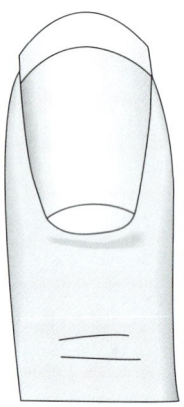

   Obere Seiten frei gelassen

   c) Beschriften Sie die Bestandteile des Fingernagels. (8 Punkte)

   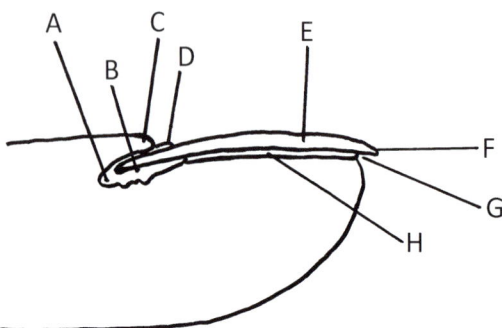

A – *Nagelwurzel*	E – *Nagelplatte*
B – *Nagelmatrix*	F – *Nagelspitze*
C – *Nagelwall*	G – *Nagelsaum*
D – *Nagelhaut*	H – *Nagelbett/Nagelfalz*

d) **Benennen Sie die in der folgenden Tabelle beschriebenen Nagelanomalien.** (4 Punkte)

Beschreibung	Nagelanomalie
Es bilden sich auf der Nagelplatte meist kleine, rundliche hellere Verfärbungen, die nach und nach herauswachsen.	
Es bilden sich auf der Nagelplatte waagerechte Vertiefungen, diese lassen den Nagel uneben und wellig erscheinen.	
Es finden sich gelblich-bräunliche Verfärbungen auf der gesamten Nagelplatte.	
Auf der Nagelplatte befinden sich senkrechte, gerade und gleichmäßige Vertiefungen.	

e) **Führen Sie die Nagelanomalie an, die nicht behandelt werden darf.** (1 Punkt)

f) **Nennen Sie drei verschiedene Werkzeuge zum Formen der Nägel und geben Sie jeweils eine geeignete Desinfektionsmaßnahme dafür an.** (6 Punkte)

Gerät   Desinfektionsmaßnahme

g) **Schon beim Formen kann man Einfluss auf Nägel nehmen. Erklären Sie, worauf beim Feilen zu achten ist, um die Nägel zu schonen.** (2 Punkte)

h) **Bei der Maniküre werden verschiedene Maniküpräparate verwendet. Entscheiden Sie, ob die angegebenen Inhaltsstoffe in dem jeweiligen Produkt enthalten sind. Kreuzen Sie Entsprechendes an.** (5 Punkte)

Produkte	Inhaltsstoffe	Richtig	Falsch
Nagelhautentferner	Filmbildende Inhaltsstoffe	❏	❏
Nagellackentferner	Lösungsmittel	❏	❏
Nagellack	Weichmacher, Pigmente	❏	❏
Nagelweißstift	Filmbildner	❏	❏
Nagelhärter	Wachse, Öle	❏	❏

d) Benennen Sie die in der folgenden Tabelle beschriebenen Nagelanomalien. (4 Punkte)

Beschreibung	Nagelanomalie
Es bilden sich auf der Nagelplatte meist kleine, rundliche hellere Verfärbungen, die nach und nach herauswachsen.	*Weiße Flecken*
Es bilden sich auf der Nagelplatte waagerechte Vertiefungen, diese lassen den Nagel uneben und wellig erscheinen.	*Querrillen*
Es finden sich gelblich-bräunliche Verfärbungen auf der gesamten Nagelplatte.	*Nagelpilz*
Auf der Nagelplatte befinden sich senkrechte, gerade und gleichmäßige Vertiefungen.	*Längsrillen*

e) Führen Sie die Nagelanomalie an, die nicht behandelt werden darf. (1 Punkt)

Nagelpilz

f) Nennen Sie drei verschiedene Werkzeuge zum Formen der Nägel und geben Sie jeweils eine geeignete Desinfektionsmaßnahme dafür an. (6 Punkte)

Gerät	Desinfektionsmaßnahme
z. B. Sandblattfeile	*Sterilbox/UV-Box*
z. B. Glasfeile	*Sprühdesinfektion, Instrumentendesinfektion*
z. B. Saphierfeile	*Sprühdesinfektion, Instrumentendesinfektion*
z. B. Nagelschere	*Desinfektionsbox/UV-Box/Sterilbox u. a.*

g) Schon beim Formen kann man Einfluss auf Nägel nehmen. Erklären Sie, worauf beim Feilen zu achten ist, um die Nägel zu schonen. (2 Punkte)

z. B. Man sollte die Feile immer nur in eine Richtung bewegen, damit die Nagelspitze eben und glatt bleibt. Durch das Hin- und Herbewegen der Feile wird die Nagelspitze aufgeraut und reißt schnell ein.

h) Bei der Maniküre werden verschiedene Manikürpräparate verwendet. Entscheiden Sie, ob die angegebenen Inhaltsstoffe in dem jeweiligen Produkt enthalten sind. Kreuzen Sie Entsprechendes an. (5 Punkte)

Produkte	Inhaltsstoffe	Richtig	Falsch
Nagelhautentferner	Filmbildende Inhaltsstoffe	❏	*X*
Nagellackentferner	Lösungsmittel	*X*	❏
Nagellack	Weichmacher, Pigmente	*X*	❏
Nagelweißstift	Filmbildner	❏	*X*
Nagelhärter	Wachse, Öle	❏	*X*

i) Sie möchten Ihre kleine Erstausstattung zur Durchführung einer Maniküre vervollständigen. Beim Händler Ihrer Wahl bestellen Sie deshalb 2 Glasnagelfeilen à 5,45 €, 12 verschiedene Farblacke à 2,85 € und 6 weiße Handtücher je 4,70 €. Alle Preise im Katalog sind ohne Mehrwertsteuer ausgeschrieben, zudem fällt bei einem Nettobestellwert unter 70 € eine Versandkostenpauschale von 6,95 € an. Der Händler gewährt bei Zahlung innerhalb von 7 Tagen 2 % Skonto, die Sie wahrnehmen. Berechnen Sie die Kosten, die für diese Bestellung entstehen.

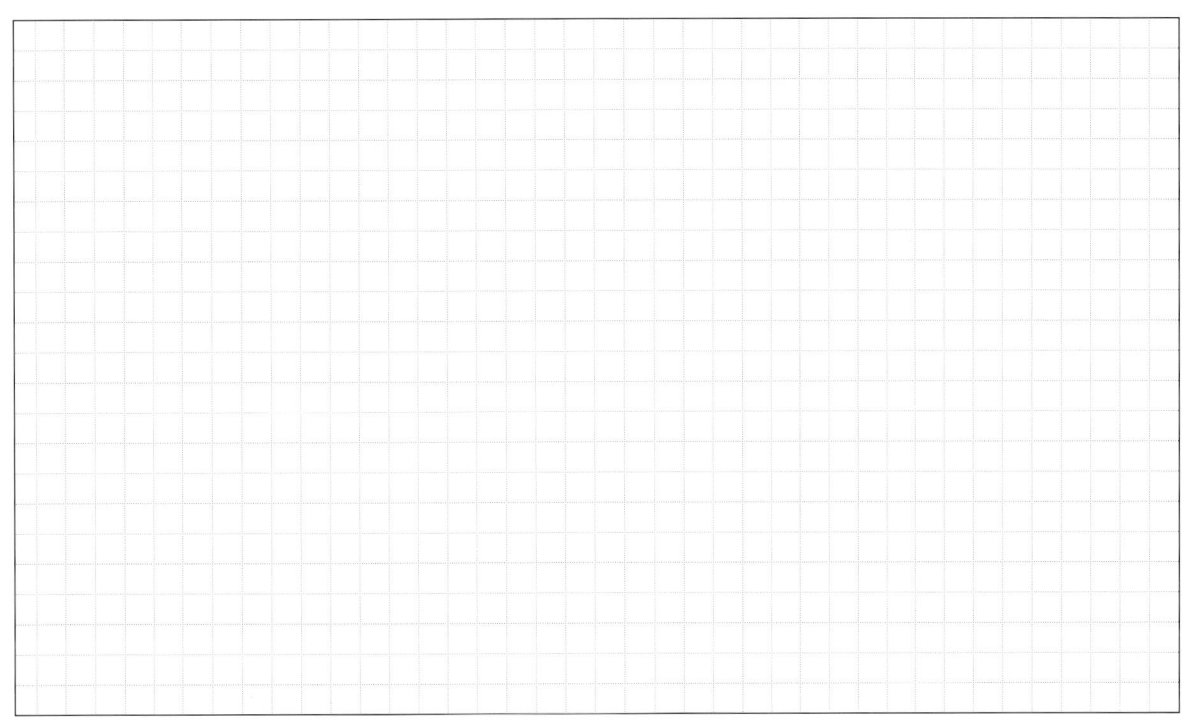

(9 Punkte)

7. Sie müssen noch schminken. Bei der Hautdiagnose stellen Sie fest, dass Ihre Kundin Seborrhö oleosa hat.

   a) Führen Sie fünf Merkmale für diesen Hauttyp auf. (5 Punkte)

FRISEURTECHNIKEN · LÖSUNGEN

i) Sie möchten Ihre kleine Erstausstattung zur Durchführung einer Maniküre vervollständigen. Beim Händler Ihrer Wahl bestellen Sie deshalb 2 Glasnagelfeilen à 5,45 €, 12 verschiedene Farblacke à 2,85 € und 6 weiße Handtücher je 4,70 €. Alle Preise im Katalog sind ohne Mehrwertsteuer ausgeschrieben, zudem fällt bei einem Nettobestellwert unter 70 € eine Versandkostenpauschale von 6,95 € an. Der Händler gewährt bei Zahlung innerhalb von 7 Tagen 2 % Skonto, die Sie wahrnehmen. Berechnen Sie die Kosten, die für diese Bestellung entstehen.

(9 Punkte)

Listenpreis Glasnagelfeile	$2 \cdot 5{,}45\ \text{€}$	*10,90 €*	(1 Punkt)
+ Farblacke	$12 \cdot 2{,}85\ \text{€}$	*34,20 €*	(1 Punkt)
+ Handtücher	$6 \cdot 4{,}70\ \text{€}$	*28,20 €*	(1 Punkt)
Listenpreis gesamt		*73,30 €*	(1 Punkt)
+ Mwst. 19 %	$\dfrac{73{,}30\ \text{€} \cdot 19\ \%}{100\ \%}$	*13,93 €*	(1 Punkt)
Bruttopreis		*87,23 €*	(1 Punkt)
– Skonto 2 %	$\dfrac{87{,}23\ \text{€} \cdot 2\ \%}{100\ \%}$	*1,74 €*	(1 Punkt)
Barzahlungspreis		*85,49 €*	(1 Punkt)

2 Punkte für das Rechenschema

7. Sie müssen noch schminken. Bei der Hautdiagnose stellen Sie fest, dass Ihre Kundin Seborrhö oleosa hat.

   a) Führen Sie fünf Merkmale für diesen Hauttyp auf. (5 Punkte)

   z. B. große Poren, Fettglanz, dicke Haut, gute Durchblutung,

   Neigung zu Unreinheiten, nicht reizempfindlich

b) Nennen und beschreiben Sie die Untersuchungsmethode, mit der Sie die Dicke der Haut und die Reizempfindlichkeit feststellen können. (4 Punkte)

Dicke der Haut: _____

_____

_____

Reizempfindlichkeit: _____

_____

_____

c) Ihre Kundin formt ihre Augenbrauen sehr selten, sodass sie sich entschließen diese erst zu zupfen, bevor Sie ein Make-up erstellen. Zeichnen Sie in die Abbildung ein, wie man die richtige Augenbrauenform bestimmt. (3 Punkte)

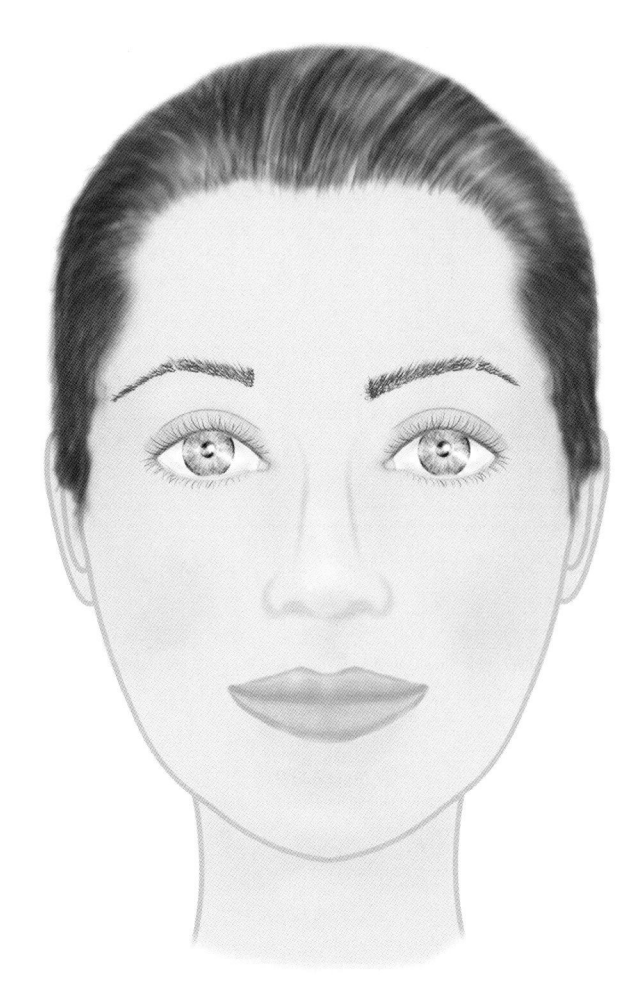

b) Nennen und beschreiben Sie die Untersuchungsmethode, mit der Sie die Dicke der Haut und die Reizempfindlichkeit feststellen können. (4 Punkte)

Dicke der Haut: *z. B. Bei der Röllchenprobe* (1 Punkt) *wird die Haut im Schläfenbereich mit zwei Fingern locker zusammengedrückt* (1 Punkt) *und dadurch die Dicke festgestellt.*

Reizempfindlichkeit: *z. B. Beim Dermografentest* (1 Punkt) *wird mit einem Spatel mit leichtem Druck ein Kreuz z. B. auf der Innenseite des Unterarms, der Stirn, der Wange, des Dekolletees gezogen* (1 Punkt).

c) Ihre Kundin formt ihre Augenbrauen sehr selten, sodass sie sich entschließen diese erst zu zupfen, bevor Sie ein Make-up erstellen. Zeichnen Sie in die Abbildung ein, wie man die richtige Augenbrauenform bestimmt. (3 Punkte)

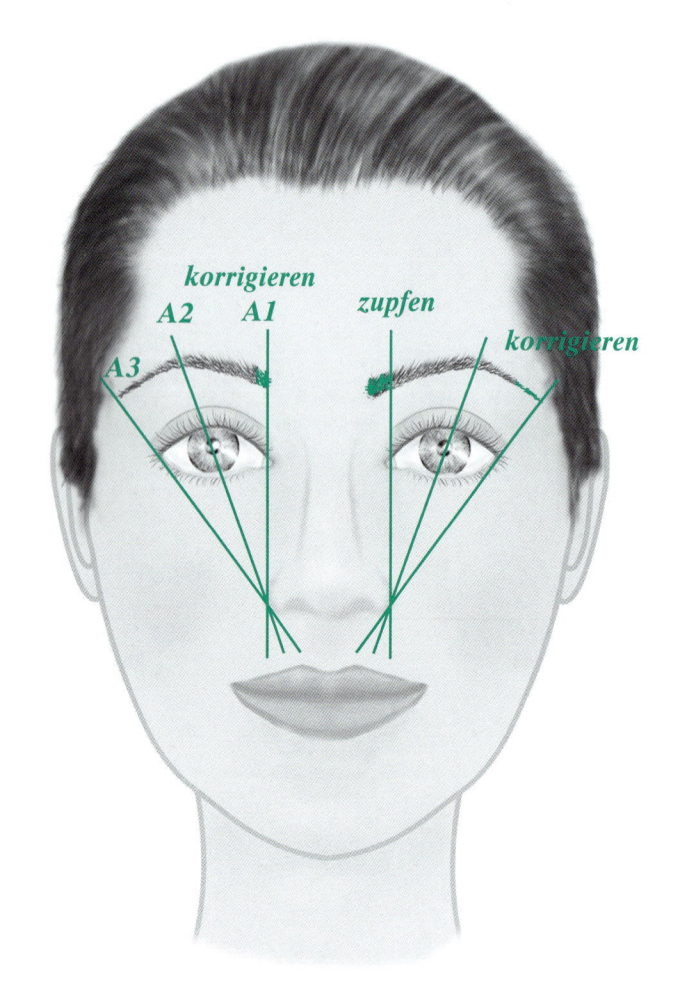

d) Die Schauspielerin möchte sich vor dem Schminken das Gesicht eincremen und fasst mit dem Zeigefinger in den Tiegel. Sie bitten sie, das nicht mehr zu tun. Erklären und begründen Sie diese Reaktion. (2 Punkte)

e) Bei dem Auftritt Ihres Modells wird die Bühnenbeleuchtung viel Farbe schlucken und es wird sehr warm sein. Geben Sie ein geeignetes Präparat für die Grundierung an und begründen Sie Ihre Wahl. (3 Punkte)

FRISEURTECHNIKEN · LÖSUNGEN

d) Die Schauspielerin möchte sich vor dem Schminken das Gesicht eincremen und fasst mit dem Zeigefinger in den Tiegel. Sie bitten sie, das nicht mehr zu tun. Erklären und begründen Sie diese Reaktion. (2 Punkte)

z. B. Kosmetik in Tiegeln sollte nicht mit den Fingern entnommen werden, da

dadurch Schmutz und Bakterien in den Topf gelangen können (1 Punkt).

Die Creme sollte immer mit einem Spatel entnommen werden, da sie dadurch

länger hält (1 Punkt).

e) Bei dem Auftritt Ihres Modells wird die Bühnenbeleuchtung viel Farbe schlucken und es wird sehr warm sein. Geben Sie ein geeignetes Präparat für die Grundierung an und begründen Sie Ihre Wahl. (3 Punkte)

z. B. Kompaktpuder Make-up: ist besonders bei fettiger Haut zu empfehlen, da

der hohe Puderanteil das Hautfett aufsaugt; die Deckkraft ist auch sehr hoch.

z. B. Camouflage: ist das Make-up mit der höchsten Deckkraft und wird bei

Models und Schauspielern meist verwendet.

z. B. Longlasting-Make-up: verblasst nicht und hält über Stunden ohne erneuert

zu werden.

☐ Erreichte Punkte

LÖSUNGSBOGEN
WIRTSCHAFTS- UND SOZIALKUNDE

Prüfung 1

Name, Vorname: _____ Platzziffer: _____

	a	b	c	d	Korr.	
1						1
2						2
3						3
4						4
5						5
6						6
7						7
8						8
9						9
10						10
11						11
12						12
13						13
14						14
15						15
16						16
17						17
18						18
19						19
20						20
21						21
22						22
23						23
24						24
25						25
	a	b	c	d	Korr.	

Wirtschafts- und Sozialkunde · Aufgaben

1. **Wie lange dauert eine Friseurausbildung in der Regel?**
   a) 1 Jahr
   b) 2 Jahre
   c) 3 Jahre
   d) 4 Jahre

2. **Welche beiden Partner sind an der dualen Berufsausbildung maßgeblich beteiligt?**
   a) Betrieb und Auszubildender
   b) Betrieb und Berufsschule
   c) Berufsschule und Auszubildender
   d) Berufsschule und Innung

3. **In welcher Antwort stehen nur gesetzliche Grundlagen der beruflichen Ausbildung?**
   a) Handwerksordnung, Ausbildungsordnung, Berufsbildungsgesetz
   b) Berufsbildungsgesetz, Ausbildungsordnung, Verbraucherschutzgesetz
   c) Jugendarbeitsschutzgesetz, Ausbildungsordnung, Innungsvorschrift
   d) Prüfungsordnung, Ausbildungsordnung, Handwerkskammerregelgesetz

4. **Was regelt die Ausbildungsordnung?**
   a) Sie regelt, wer ausbilden darf.
   b) In ihr stehen ausschließlich die zu vermittelnden Inhalte und Vermittlungsmethoden.
   c) Sie sorgt für eine ordentliche Ausbildung.
   d) Sie regelt, in welcher Zeit die entsprechenden Inhalte zu vermitteln sind.

5. **Bei der Friseurausbildung ist der Hautschutz ganz besonders wichtig. In welcher Vorschrift ist dieser geregelt?**
   a) Technische Regeln für Friseure 530
   b) Theoretische Regeln für Hautschutz 530
   c) Technische Sicherheitssätze 530
   d) Technische Regeln für Gefahrstoffe 530

6. **Wer überwacht die Einhaltung des Arbeitsschutzes?**
   a) Der Ausbilder
   b) Der Auszubildende
   c) Die Genossenschaft
   d) Das Gewerbeaufsichtsamt

7. **Bei welchem Vorfall handelt es sich um keinen Arbeitsunfall?**
   a) Die Auszubildende fährt mit dem Fahrrad auf dem Heimweg von ihrem Ausbildungsbetrieb noch bei ihrer Kollegin vorbei, um sich ihren Berufsschulordner wiederzuholen. Dabei wird sie von einem Auto angefahren.
   b) Die Auszubildende muss heute später mit der Arbeit anfangen. Vor der Arbeit fährt sie noch zum Baden. Dabei wird sie in einen Verkehrsunfall verwickelt.
   c) Die Auszubildende läuft auf direktem Weg von zuhause zu ihrem Ausbildungsbetrieb, als sie von einem Roller angefahren wird.
   d) Die Auszubildende fährt mit ihrem Roller auf dem Weg zur Arbeit schnell noch beim Bäcker vorbei, um sich zwei belegte Brötchen für die Mittagspause mitzunehmen. Auf dem Weg zum Bäcker rutscht sie auf nassem Laub aus und bricht sich den Arm.

8. **Wer ist Träger der Unfallversicherung im Friseurhandwerk?**
   a) Die Krankenversicherung
   b) Die Berufsgewerkschaft für Gesundheitspflege
   c) Die Handwerkskammer
   d) Die Berufsgenossenschaft für Gesundheitsdienst und Wohlfahrtspflege

9. **In welcher Zeile stehen ausschließlich Sozialversicherungen, die anteilig vom Arbeitnehmer bezahlt werden müssen?**
   a) Krankenversicherung, Pflegeversicherung, Unfallversicherung
   b) Rentenversicherung, Krankenversicherung, Arbeitslosenversicherung
   c) Pflegeversicherung, Unfallversicherung, Rentenversicherung
   d) Unfallversicherung, Arbeitslosenversicherung, Krankenversicherung

10. Bei welcher Sozialversicherung zahlt der Arbeitnehmer, wenn er keine Kinder hat, 0,25 % mehr Beitrag?
a) Pflegeversicherung
b) Krankenversicherung
c) Rentenversicherung
d) Arbeitslosenversicherung

11. Welche Arbeiten darf eine Frau während der Schwangerschaft verrichten?
a) Ständiges schweres Tragen und Heben
b) Arbeiten mit schweren Erschütterungen
c) Ihre bisherige Arbeit, soweit sie das Leben und die Gesundheit des werdenden Kindes nicht gefährdet
d) Grundsätzlich alle Arbeiten

12. Wer vertritt die selbstständigen Friseurmeister bei Tarifvertragsverhandlungen?
a) Gewerkschaft
b) ver.di
c) Handwerkskammer
d) Landesinnungsverband für Friseure

13. Eine Gesellin wechselt zum 1. September ihre Arbeitsstelle. Den Urlaub hat sie bereits im vollen Umfang genommen. Hat sie gegenüber dem neuen Arbeitgeber in diesem Kalenderjahr einen Urlaubsanspruch?
a) Nein
b) Ja, vier Werktage
c) Ja, vier Zwölftel des Mindesturlaubs = 6 Werktage
d) Hängt von ihrem Verhandlungsgeschick ab

14. Es gibt zwei Arten von Tarifverträgen. Was beinhaltet der Manteltarifvertrag?
a) Mehrarbeit, wöchentliche Arbeitszeit
b) Lohn, Zuschläge für Überstunden
c) Ausbildungsvergütung, Urlaub
d) Tägliche Arbeitszeit, Krankentagegeld

15. Dürfen Arbeitnehmer einfach streiken, wenn ihnen etwas nicht passt?
a) Ja, weil sie Mitbestimmungsrechte im Betrieb haben.
b) Nein, weil das den Rahmen der Mitbestimmungsrechte übersteigt.
c) Ja, wozu sind sie sonst in der Gewerkschaft.
d) Nein, weil Gewerkschaften Streiks organisieren.

16. Welche Maßnahme kann der Arbeitgeber bei einem Streik ergreifen?
a) Aussperrung
b) Einsperrung
c) Aussparung
d) Versperrung

17. Was meint man mit „Arbeitslosenquote"?
a) Unter Arbeitslosenquote versteht man den prozentualen Anteil der arbeitslosen Ausländer an der Gesamtzahl der Arbeitslosen.
b) Mit Arbeitslosenquote meint man den prozentualen Anteil der Jugendlichen an der Gesamtzahl der Arbeitslosen.
c) Arbeitslosenquote bedeutet der prozentuale Anteil der beim Arbeitsamt gemeldeten Arbeitsuchenden an der Gesamtzahl der abhängig Beschäftigten.
d) Arbeitslosenquote heißt, Zahl der Arbeitenden gleich Zahl der Arbeitswilligen.

18. Arbeitgeber, aber auch Arbeitnehmer handeln wirtschaftlich nach zwei ökonomischen Prinzipien. In welcher Antwort wird das Maximalprinzip definiert?
a) Mit minimalem Einsatz wird ein möglichst großes Ziel erreicht.
b) Mit minimalem Einsatz wird ein vorgegebenes Ziel erreicht.
c) Mit vorgegebenem Einsatz wird ein größtmögliches Ergebnis erreicht.
d) Mit geringem Einsatz wird ein durchschnittliches Ergebnis erreicht.

WIRTSCHAFTS- UND SOZIALKUNDE · AUFGABEN

19. Welches Beispiel passt zum Maximalprinzip?
   a) Mit so viel Geld wie möglich kaufe ich so viel Partydekoration wie möglich.
   b) Ich kaufe mir eine Jeans so günstig wie möglich.
   c) Für 50,00 € kaufe ich so viel Kleidung wie möglich.
   d) Für so viel Geld wie möglich kaufe ich ein Haus.

20. In der sozialen Marktwirtschaft ist Wettbewerb wichtig. Welcher Begriff steht für viele Anbieter, die viele Waren anbieten und so für großen Wettbewerb sorgen?
   a) Monopol
   b) Oligopol
   c) Polypol
   d) Dipol

21. Was ist eine Fusion?
   a) Teilung eines großen Unternehmens
   b) Zusammenschluss von Unternehmen
   c) Vergrößerung eines Unternehmens
   d) Verkleinerung eines Unternehmens

22. Wer überwacht, dass bei Fusionen kein Monopol entsteht?
   a) Das Gewerbeaufsichtsamt
   b) Das Bundeskartellamt
   c) Das Zollamt
   d) Die Handwerkskammer

23. In Ihrem Salon haben Sie eine 13-jährige Schülerin beim Klauen erwischt. Welche rechtlichen Konsequenzen entstehen für die Schülerin?
   a) Sie hat keine rechtlichen Konsequenzen zu erwarten.
   b) Sie muss Sozialstunden ableisten.
   c) Sie wird rechtskräftig verurteilt.
   d) Sie erhält einen Eintrag in ihr polizeiliches Führungszeugnis.

24. Sie werden als Zeugin vor Gericht geladen. Welche Aussage trifft zu?
   a) Sie haben der Einladung zu folgen und müssen sich ggf. von der Schule und/oder Betrieb befreien lassen.
   b) Sie können den Termin nur an Ihrem freien Tag wahrnehmen.
   c) Der Chef verbietet die Teilnahme aus betrieblichen Gründen.
   d) Es ist eine Kann-Regelung. Das heißt, Sie können an der Verhandlung teilnehmen, müssen aber nicht.

25. Die 16-jährige Auszubildende bestellt auf Anweisung ihrer Chefin ein Haarschneideset für 890,00 €. Ihre Eltern sind damit nicht einverstanden. Welche Reaktion ist richtig?
   a) Sie muss die Scheren kaufen, da es sich um eine betriebliche Anweisung handelt.
   b) Ihre Eltern können den Kauf rückgängig machen, da es sich um ein schwebendes Verfahren handelt.
   c) Sie kann als Auszubildende selbst entscheiden, welches Arbeitsmaterial sie kauft.
   d) Wenn der Vertreter ihr zu diesem Werkzeug rät, ist die Kaufentscheidung korrekt.

LÖSUNGSBOGEN
WIRTSCHAFTS- UND SOZIALKUNDE

Name, Vorname: _____*Lösung*_____ Platzziffer: _____

	a	b	c	d	Korr.	
1			X			1
2		X				2
3	X					3
4				X		4
5				X		5
6				X		6
7		X				7
8				X		8
9		X				9
10	X					10
11			X			11
12				X		12
13	X					13
14	X					14
15				X		15
16	X					16
17			X			17
18			X			18
19			X			19
20			X			20
21		X				21
22		X				22
23	X					23
24	X					24
25		X				25
	a	b	c	d	Korr.	

Wirtschafts- und Sozialkunde

Offene Aufgaben, 25 Punkte
Bearbeitungszeit: 30 Minuten

Lesen Sie die Fragen genau durch und beantworten Sie diese dann möglichst sachlich und stichwortartig.

Es wird nicht die sprachliche Leistung, sondern die Richtigkeit des Inhalts bewertet. Antworten Sie so ausführlich wie nötig, aber so kurz wie möglich.

1. Die 17-jährige Tanja macht eine Ausbildung zur Friseurin. Ihre beste Freundin Verena (16 Jahre) erlernt den Beruf der Fleischereifachverkäuferin. Beide stellen im Gespräch fest, dass sie unterschiedlich viele Urlaubstage haben.

   a) Kann das sein? Ja oder nein? (1 Punkt)

   b) In welchem Gesetz können beide nachlesen, wie viele Urlaubstage ihnen zustehen? (1 Punkt)

   c) Wie viele Urlaubstage müssten Tanja und Verena nach dem Gesetz aus 1 b) jeweils haben? (2 Punkte)

   Tanja: _____

   Verena: _____

2. Verbraucherschutzgesetze dienen vor allem dem Schutz der Verbraucher vor unlauteren Geschäftspraktiken oder Vertragsklauseln.

   a) Was bedeutet der Begriff unlauter? (1 Punkt)

   b) Ordnen Sie dem jeweiligen Beispiel das richtige Verbraucherschutzgesetz zu: (3 Punkte)

   UWG (Gesetz gegen unlauteren Wettbewerb) – Verbraucherkreditgesetz – Widerrufsgesetz

Beispiel:	passendes Verbraucherschutzgesetz:
Bei einem Ratenkauf muss der schriftliche Vertrag auch den Preis bei Barzahlung enthalten.	
Ein einfach ausgestatteter Kühlschrank darf nicht als „Luxusmodell" angepriesen werden.	
Um den Vertreter an der Haustüre loszuwerden, abonniert die 18-jährige Elke die „Top Hair" für ein Jahr. Am Abend widerruft sie die Bestellung schriftlich.	

   c) Was besagt die Preisangabenverordnung? Erläutern Sie dieses Verbraucherschutzgesetz. (2 Punkte)

WIRTSCHAFTS- UND SOZIALKUNDE · LÖSUNGEN

Prüfung 1

1. Die 17-jährige Tanja macht eine Ausbildung zur Friseurin. Ihre beste Freundin Verena (16 Jahre) erlernt den Beruf der Fleischereifachverkäuferin. Beide stellen im Gespräch fest, dass sie unterschiedlich viele Urlaubstage haben.

   a) Kann das sein? Ja oder nein? (1 Punkt)

   Ja

   b) In welchem Gesetz können beide nachlesen, wie viele Urlaubstage ihnen zustehen? (1 Punkt)

   Jugendarbeitsschutzgesetz

   c) Wie viele Urlaubstage müssten Tanja und Verena nach dem Gesetz aus 1 b) jeweils haben? (2 Punkte)

   Tanja: *(17 Jahre) 25 Werktage (entspricht 21 Arbeitstagen in der 5-Tage-Woche)*

   Verena: *(16 Jahre) 27 Werktage (entspricht 23 Arbeitstagen in der 5-Tage-Woche)*

2. Verbraucherschutzgesetze dienen vor allem dem Schutz der Verbraucher vor unlauteren Geschäftspraktiken oder Vertragsklauseln.

   a) Was bedeutet der Begriff unlauter? (1 Punkt)

   Sittenwidrig oder gegen die guten Sitten verstoßend

   b) Ordnen Sie dem jeweiligen Beispiel das richtige Verbraucherschutzgesetz zu: (3 Punkte)

   UWG (Gesetz gegen unlauteren Wettbewerb) – Verbraucherkreditgesetz – Widerrufsgesetz

Beispiel:	passendes Verbraucherschutzgesetz:
Bei einem Ratenkauf muss der schriftliche Vertrag auch den Preis bei Barzahlung enthalten.	*Verbraucherkreditgesetz*
Ein einfach ausgestatteter Kühlschrank darf nicht als „Luxusmodell" angepriesen werden.	*UWG, Gesetz gegen unlauteren Wettbewerb*
Um den Vertreter an der Haustüre loszuwerden, abonniert die 18-jährige Elke die „Top Hair" für ein Jahr. Am Abend widerruft sie die Bestellung schriftlich.	*Widerrufsgesetz*

   c) Was besagt die Preisangabenverordnung? Erläutern Sie dieses Verbraucherschutzgesetz. (2 Punkte)

   Die Preisangabenverordnung besagt, dass der Endpreis (Preis mit Mehrwertsteuer)

   deutlich erkennbar an der Ware oder am Regal angebracht sein muss.

3. Es gibt verschiedene Arten von Verträgen. Der bekannteste ist der Kaufvertrag.

   a) Nennen Sie zwei weitere Beispiele für Verträge (2 Punkte)

   b) Wann kommt ein gültiger Kaufvertrag zustande? (2 Punkte)

   c) Welche Pflichten haben die beiden Vertragspartner bei Abschluss eines Kaufvertrages? (4 Punkte)

   d) Welches Alter müssen Personen haben, um rechtsgültige Verträge abschließen zu dürfen? (1 Punkt)

4. Friseursalons sind in der Regel Einzelunternehmen.

   a) Führen Sie je zwei Vorteile und zwei Nachteile für diese Gesellschaftsform an. (4 Punkte)

   Vorteile:

WIRTSCHAFTS- UND SOZIALKUNDE · LÖSUNGEN

3. Es gibt verschiedene Arten von Verträgen. Der bekannteste ist der Kaufvertrag.

   a) Nennen Sie zwei weitere Beispiele für Verträge (2 Punkte)

   z. B. Mietvertrag, Leasingvertrag, Handyvertrag

   z. B. Arbeitsvertrag, Ausbildungsvertrag

   b) Wann kommt ein gültiger Kaufvertrag zustande? (2 Punkte)

   Ein gültiger Kaufvertrag kommt bei zwei übereinstimmenden Willenserklärungen

   (Antrag und Annahme) zustande.

   c) Welche Pflichten haben die beiden Vertragspartner bei Abschluss eines Kaufvertrages? (4 Punkte)

   Verkäufer: Fristgerechte und schadensfreie Lieferung

   Käufer: Annahme der Ware und Bezahlung des Preises

   d) Welches Alter müssen Personen haben, um rechtsgültige Verträge abschließen zu dürfen? (1 Punkt)

   18 Jahre

4. Friseursalons sind in der Regel Einzelunternehmen.

   a) Führen Sie je zwei Vorteile und zwei Nachteile für diese Gesellschaftsform an. (4 Punkte)

   Vorteile:

   z. B. kann alleine und flexibel entscheiden

   z. B. kann schnell reagieren

   z. B. verfügt alleine über Gewinn

   z. B. ist unabhängig

Nachteile:

_____

_____

_____

_____

b) Manchmal ist ein Friseurunternehmen auch eine GmbH. Wofür steht die Abkürzung GmbH?

(2 Punkte)

_____

WIRTSCHAFTS- UND SOZIALKUNDE · LÖSUNGEN

Nachteile:

z. B. haftet alleine und unbeschränkt mit Geschäfts- und Privatvermögen

z. B. trägt Risiko alleine

z. B. sehr lange Arbeitszeiten

z. B. sehr selten Urlaub

b) Manchmal ist ein Friseurunternehmen auch eine GmbH. Wofür steht die Abkürzung GmbH?

(2 Punkte)

Gesellschaft mit beschränkter Haftung

Prüfung 2

Schriftliche Aufgabenstellungen zu
- **Betriebsorganisation und Kundenmanagement**
- **Friseurtechniken**
- **Wirtschafts- und Sozialkunde**

*Bei den vorgegebenen Lösungen handelt es sich um Lösungsvorschläge.
Deshalb sind auch andere Lösungen zu akzeptieren.*

Beantworten Sie die Fragen mit eigenen Worten auf den vorgegebenen Zeilen!
Bei Platzmangel benutzen Sie bitte eigene Blätter unter Angabe der Ziffer der Aufgabe!

Prüfung 2

BETRIEBSORGANISATION UND KUNDENMANAGEMENT · AUFGABEN

1. Sie bewerben sich nach erfolgreich abgelegter Gesellenprüfung. Der Homepage des Betriebs entnehmen Sie, dass es sich um ein inhabergeführtes Einzelunternehmen handelt und dabei um einen Salon der „Neuen Mitte" (Comfort Class).

   a) Erläutern Sie das Marktsegment der „Neuen Mitte" (Comfort Class) anhand von zwei Merkmalen, indem Sie es vom hochpreisigen Segment und dem Billigfriseur abgrenzen. (2 Punkte)

   b) Der Salon ist ein inhabergeführtes Einzelunternehmen. Beschreiben Sie die Auswirkung auf das Salonkonzept anhand von drei Merkmalen. (3 Punkte)

2. Sie haben ein Vorstellungsgespräch bei diesem Friseurbetrieb. Der Betrieb befindet sich in einer Straße, die als Fußgängerzone ausgewiesen ist.

   a) Welche Vorteile hat die Lage in einer Fußgängerzone? (2 Punkte)

   b) Nennen Sie zwei Nachteile durch die Lage in einer Fußgängerzone. (2 Punkte)

Betriebsorganisation und Kundenmanagement · Lösungen

1. Sie bewerben sich nach erfolgreich abgelegter Gesellenprüfung. Der Homepage des Betriebs entnehmen Sie, dass es sich um ein inhabergeführtes Einzelunternehmen handelt und dabei um einen Salon der „Neuen Mitte" (Comfort Class).

   a) Erläutern Sie das Marktsegment der „Neuen Mitte" (Comfort Class) anhand von zwei Merkmalen, indem Sie es vom hochpreisigen Segment und dem Billigfriseur abgrenzen. (2 Punkte)

   z. B. Der Salon ist modern und gut eingerichtet.

   z. B. Die Preise sind nicht zu hoch, das Preis-Leistungs-Verhältnis ist gut.

   z. B. Die Friseure gehen stark auf die Kunden ein, werden persönlich betreut und beraten.

   b) Der Salon ist ein inhabergeführtes Einzelunternehmen. Beschreiben Sie die Auswirkung auf das Salonkonzept anhand von drei Merkmalen. (3 Punkte)

   Der Inhaber darf sein Salonkonzept selber erstellen: z. B. Er kalkuliert die Preise.

   z. B. Er hat sich den Ort für den Betrieb selbst ausgesucht.

   z. B. Er hat den Salon nach seinem Geschmack für die Zielgruppe eingerichtet.

   z. B. Er hat seine eigene Salonphilosophie.

   z. B. Der Inhaber trägt das geschäftliche Risiko alleine.

2. Sie haben ein Vorstellungsgespräch bei diesem Friseurbetrieb. Der Betrieb befindet sich in einer Straße, die als Fußgängerzone ausgewiesen ist.

   a) Welche Vorteile hat die Lage in einer Fußgängerzone? (2 Punkte)

   z. B. Es gibt viel Laufkundschaft.

   z. B. Die Kunden können den Friseurbesuch mit Einkaufen und Bummeln verbinden.

   z. B. Die Kunden der anderen Geschäfte werden auf den Betrieb aufmerksam.

   b) Nennen Sie zwei Nachteile durch die Lage in einer Fußgängerzone. (2 Punkte)

   z. B. Die Kunden können nicht direkt vor dem Salon parken.

   z. B. Die Anlieferung der Ware gestaltet sich schwieriger.

   z. B. Es gibt weniger direkte Anwohner.

3. Vor dem Friseurgeschäft steht ein Aufsteller, in dem eine Happy Hour von 12:00 – 14:00 Uhr angepriesen wird. In dieser Zeit kostet der Herrenhaarschnitt statt der üblichen 20,00 € nur 17,50 €.

   a) Beschreiben Sie ein Ziel, das der Betriebsinhaber mit der Aktion verfolgt. (2 Punkte)

   b) Warum eignet sich in diesem Fall ein Aufsteller besser als ein Plakat im Schaufenster des Betriebes? (2 Punkte)

   c) Der Herrenhaarschnitt wird für 17,50 € angeboten statt der üblichen 20,00 €. Wie viel Prozent beträgt der Preisnachlass? (3 Punkte)

4. Im Friseurbetrieb müssen Sie noch einen Augenblick neben dem Kassenbereich warten. Sie stellen fest, dass direkt im Kassenbereich auf einer kleinen Sonderfläche ein Sommershampoo mit UV-Schutz für die Urlaubszeit angeboten wird.

   a) Wie nennt man eine derartige Platzierung? (1 Punkt)

BETRIEBSORGANISATION UND KUNDENMANAGEMENT · LÖSUNGEN

3. Vor dem Friseurgeschäft steht ein Aufsteller, in dem eine Happy Hour von 12:00 – 14:00 Uhr angepriesen wird. In dieser Zeit kostet der Herrenhaarschnitt statt der üblichen 20,00 € nur 17,50 €.

   a) Beschreiben Sie ein Ziel, das der Betriebsinhaber mit der Aktion verfolgt. (2 Punkte)

   z. B. Der Betriebsinhaber möchte die Anzahl der Kunden zur Mittagszeit erhöhen, um die Auslastung des Betriebes zu verbessern (2 Punkte).

   z. B. Er gibt den Kunden den Haarschnitt billiger, damit diese zu einer für sie nicht so günstigen Tageszeit den Salon aufsuchen (2 Punkte).

   b) Warum eignet sich in diesem Fall ein Aufsteller besser als ein Plakat im Schaufenster des Betriebes? (2 Punkte)

   Weil Passanten, die am Betrieb vorbeigehen, genau auf den Aufsteller zulaufen.

   Sie müssen nicht in das Schaufenster hineinsehen.

   c) Der Herrenhaarschnitt wird für 17,50 € angeboten statt der üblichen 20,00 €. Wie viel Prozent beträgt der Preisnachlass? (3 Punkte)

   20,00 € = 100 %
   1,00 € = 100 % : 20 €
   17,50 € = 100 % : 20 € · 17,50 € = 87,5 % (2 Punkte)

   100 % – 87,5 % = 12,5 % beträgt der Nachlass (1 Punkt)

   Oder:
   20,00 € – 17,50 € = 2,50 € Nachlass (1 Punkt)

   20,00 € = 100 %
   1,00 € = 100 % : 20 €
   2,50 € = 100 % : 20 € · 2,5 € = 12,5 % Nachlass (2 Punkte)

4. Im Friseurbetrieb müssen Sie noch einen Augenblick neben dem Kassenbereich warten. Sie stellen fest, dass direkt im Kassenbereich auf einer kleinen Sonderfläche ein Sommershampoo mit UV-Schutz für die Urlaubszeit angeboten wird.

   a) Wie nennt man eine derartige Platzierung? (1 Punkt)

   Aktionsplatzierung

b) Erläutern Sie den Nutzen dieser Sonderfläche. (2 Punkte)

c) In einem Regal neben der Kasse werden Shampoos und Haarpflegepräparate präsentiert. Ordnen Sie die passenden Regalzonen den Charakterisierungen zu. (4 Punkte)

Charakterisierung	Buchstabe	Zone
Markenpräparate, die besonders häufig verkauft werden.	_____	A Reckzone
Günstige Präparate, die unbequem zu entnehmen sind.	_____	B Sichtzone
Die am leichtesten zugängliche Regalzone.	_____	C Greifzone
Waren mit wenig Gewicht.	_____	D Bückzone

d) Auf dem Tresen befinden sich in einer Halterung mehrere Lippenstifte, die alle mit „Tester" beschriftet sind. Benennen und erklären Sie die entsprechende Anbietform bzw. Verkaufsform. (3 Punkte)

5. Eine Kundin des Salons möchte ohne Bargeld zahlen. Die kassierende Friseurin erklärt, dass eine Zahlung mit Electronic cash oder mit Kreditkarte möglich ist.

   a) Beschreiben Sie den Bezahlvorgang mit Electronic cash. (2 Punkte)

   b) Welchen Vorteil hat die Kundin bei der Zahlung mit Kreditkarte im Vergleich zu Electronic cash? (1 Punkt)

Betriebsorganisation und Kundenmanagement · Lösungen

b) Erläutern Sie den Nutzen dieser Sonderfläche. (2 Punkte)

z. B. Jeder Kunde muss an der Kasse bezahlen. Dort wird er nochmals auf das Sommershampoo mit UV-Schutz aufmerksam (2 Punkte).

z. B. Das dient der Verkaufsförderung, weil viele Kunden im Sommer in den Urlaub fahren. Sie sind eher bereit, ein Sommershampoo zu kaufen (2 Punkt).

c) In einem Regal neben der Kasse werden Shampoos und Haarpflegepräparate präsentiert. Ordnen Sie die passenden Regalzonen den Charakterisierungen zu. (4 Punkte)

Charakterisierung	Buchstabe		Zone
Markenpräparate, die besonders häufig verkauft werden.	*B*	A	Reckzone
Günstige Präparate, die unbequem zu entnehmen sind.	*D*	B	Sichtzone
Die am leichtesten zugängliche Regalzone.	*C*	C	Greifzone
Waren mit wenig Gewicht.	*A*	D	Bückzone

d) Auf dem Tresen befinden sich in einer Halterung mehrere Lippenstifte, die alle mit „Tester" beschriftet sind. Benennen und erklären Sie die entsprechende Anbietform bzw. Verkaufsform. (3 Punkte)

z. B. Vorwahlsystem (1 Punkt) *oder Teilbedienung* (1 Punkt)

z. B. Der Kunde informiert sich anhand der Tester selbstständig über den Lippenstift. Die neue Ware erhält er vom Friseur, der ihn auf Wunsch auch berät (2 Punkte).

5. Eine Kundin des Salons möchte ohne Bargeld zahlen. Die kassierende Friseurin erklärt, dass eine Zahlung mit Electronic cash oder mit Kreditkarte möglich ist.

a) Beschreiben Sie den Bezahlvorgang mit Electronic cash. (2 Punkte)

z. B. Die Karte wird durch ein Lesegerät gezogen.

z. B. Die Kundin bestätigt den Rechnungsbetrag (1 Punkt).

z. B. Sie gibt ihre Geheimzahl ein und hat damit direkt im Betrieb gezahlt (1 Punkt).

b) Welchen Vorteil hat die Kundin bei der Zahlung mit Kreditkarte im Vergleich zu Electronic cash? (1 Punkt)

Das Geld wird erst am Ende des Abrechnungszeitraums vom Konto der Kundin abgezogen (1 Punkt).

c) Ein Friseurbetrieb muss überlegen, ob er die Zahlung mit Plastikgeld ermöglichen will. Nennen Sie je einen Vorteil und einen Nachteil für den Betrieb. (2 Punkte)

6. Sie werden von dem Inhaber des Salons als Friseurin eingestellt. Sie können sich nun einen eigenen Kundenstamm aufbauen.

   a) Nennen Sie drei Grundregeln beim Empfang von Kunden. (3 Punkte)

   b) Sie können durch eine geeignete Körpersprache die Kunden positiv auf sich aufmerksam machen. Markieren Sie vier positive Merkmale. (4 Punkte)
   - ❏ Ich blicke auf den Boden, wenn ein Kunde mich ansieht.
   - ❏ Ich halte meinen Kopf und meinen Rücken gerade.
   - ❏ Ich verschränke meine Hände hinter meinem Rücken.
   - ❏ Ich verschränke meine Arme vor meinem Bauch.
   - ❏ Ich lächle die Kunden an.
   - ❏ Ich stelle beide Füße fest auf den Boden.
   - ❏ Ich stehe auf einem Bein und lehne mich an das Rückwärtswaschbecken.
   - ❏ Ich halte Blickkontakt, ohne den Kunden anzustarren.

   c) Eine Kollegin ist erkrankt. Es gab keine Zeit mehr, den Kunden der Kollegin abzubestellen. Weil alle anderen Friseure beschäftigt sind, haben Sie nun zwei Kunden zur selben Zeit zum Herrenhaarschnitt.
   Beschreiben Sie zwei Möglichkeiten, die Situation zu bewältigen. (4 Punkte)

BETRIEBSORGANISATION UND KUNDENMANAGEMENT · LÖSUNGEN

c) Ein Friseurbetrieb muss überlegen, ob er die Zahlung mit Plastikgeld ermöglichen will. Nennen Sie je einen Vorteil und einen Nachteil für den Betrieb. (2 Punkte)

z. B. Ein Vorteil ist, dass Kunden leichter Zusatzeinkäufe machen.

z. B. Von Nachteil ist, dass dabei für den Betrieb meistens Gebühren anfallen.

6. Sie werden von dem Inhaber des Salons als Friseurin eingestellt. Sie können sich nun einen eigenen Kundenstamm aufbauen.

   a) Nennen Sie drei Grundregeln beim Empfang von Kunden. (3 Punkte)

   z. B. Ich nehme mit den Kunden Blickkontakt auf, wenn sie den Salon betreten.

   z. B. Ich begrüße die Kunden und stelle mich vor.

   z. B. Wenn ich einen Kunden schon kenne, begrüße ich ihn mit seinem Namen.

   z. B. Ich erkundige mich nach dem Anliegen des Kunden.

   b) Sie können durch eine geeignete Körpersprache die Kunden positiv auf sich aufmerksam machen. Markieren Sie vier positive Merkmale. (4 Punkte)

   ❏ Ich blicke auf den Boden, wenn ein Kunde mich ansieht.
   X Ich halte meinen Kopf und meinen Rücken gerade.
   ❏ Ich verschränke meine Hände hinter meinem Rücken.
   ❏ Ich verschränke meine Arme vor meinem Bauch.
   X Ich lächle die Kunden an.
   X Ich stelle beide Füße fest auf den Boden.
   ❏ Ich stehe auf einem Bein und lehne mich an das Rückwärtswaschbecken.
   X Ich halte Blickkontakt, ohne den Kunden anzustarren.

   c) Eine Kollegin ist erkrankt. Es gab keine Zeit mehr, den Kunden der Kollegin abzubestellen. Weil alle anderen Friseure beschäftigt sind, haben Sie nun zwei Kunden zur selben Zeit zum Herrenhaarschnitt.
   Beschreiben Sie zwei Möglichkeiten, die Situation zu bewältigen. (4 Punkte)

   z. B. Ich spreche die Kunden an und erkläre ihnen die Situation.

   z. B. Ich frage die beiden Kunden, ob einer noch etwas zu erledigen hat, und bitte ihn,

   später wiederzukommen.

   z. B. Ich frage die Kunden, ob sie es eilig haben, und bitte den einen Kunden, sich

   zu gedulden.

   z. B. Ich biete einem der beiden Kunden einen neuen Termin an.

   z. B. Ich bedanke mich bei dem Kunden, der zurückgesteckt hat. Ich kann ihm

   eine Warenprobe oder ein kleines Geschenk mitgeben.

Betriebsorganisation und Kundenmanagement · Aufgaben

d) Viele Kunden führen gerne „Small Talk" mit ihren Friseuren. Was versteht man unter „Small Talk"? (2 Punkte)

e) Markieren Sie die drei Themen der Auflistung, die sich generell für einen „Small Talk" zwischen Friseur und Kunden eignen. (3 Punkte)
- ❏ Das große Volksfest der Stadt, das in zwei Wochen stattfindet.
- ❏ Die nächste Bundestagswahl.
- ❏ Das Begräbnis der alten Dame von nebenan, das letzte Woche stattfand.
- ❏ Die letzte Urlaubsreise des Kunden.
- ❏ Die aktuellen Modeempfehlungen des Friseurhandwerks.
- ❏ Die Meinung zu religiösen Minderheiten.

f) Welchen Nutzen hat der „Small Talk" für den Friseur? (2 Punkte)

7. Bei Ihrem neuen Arbeitgeber gibt es eine Kosmetikkabine. Hier werden auf Wunsch des Inhabers und auch aus hygienischen Gründen nur weiße Berufskleidung, Handtücher und Frottierwaren verwendet.

   a) Definieren Sie den Begriff Hygiene. (2 Punkte)

   b) Warum zieht man in der Kosmetik weiße den bunten und dunklen Handtüchern vor? (2 Punkte)

   c) Der Inhaber wünscht, dass die weißen Handtücher der Kosmetikkabine immer durch eine Kochwäsche desinfiziert werden. Erläutern Sie die desinfizierende Wirkung der Kochwäsche. (2 Punkte)

Prüfung 2

Betriebsorganisation und Kundenmanagement · Lösungen

d) Viele Kunden führen gerne „Small Talk" mit ihren Friseuren. Was versteht man unter „Small Talk"? (2 Punkte)

z. B. Ein lockeres, ungezwungenes Gespräch über unverfängliche Themen

e) Markieren Sie die drei Themen der Auflistung, die sich generell für einen „Small Talk" zwischen Friseur und Kunden eignen. (3 Punkte)

- **X** Das große Volksfest der Stadt, das in zwei Wochen stattfindet.
- ❑ Die nächste Bundestagswahl.
- ❑ Das Begräbnis der alten Dame von nebenan, das letzte Woche stattfand.
- **X** Die letzte Urlaubsreise des Kunden.
- **X** Die aktuellen Modeempfehlungen des Friseurhandwerks.
- ❑ Die Meinung zu religiösen Minderheiten.

f) Welchen Nutzen hat der „Small Talk" für den Friseur? (2 Punkte)

z. B. Er lernt den Kunden besser kennen, kann ihm leichter die passenden Dienstleistungen empfehlen (2 Punkte).

z. B. Es baut sich ein Vertrauensverhältnis zwischen Friseur und Kunden auf (2 Punkte).

7. Bei Ihrem neuen Arbeitgeber gibt es eine Kosmetikkabine. Hier werden auf Wunsch des Inhabers und auch aus hygienischen Gründen nur weiße Berufskleidung, Handtücher und Frottierwaren verwendet.

a) Definieren Sie den Begriff Hygiene. (2 Punkte)

Vorbeugende Krankheitsbekämpfung durch Ausschalten gesundheitsschädlicher Umwelteinflüsse

b) Warum zieht man in der Kosmetik weiße den bunten und dunklen Handtüchern vor? (2 Punkte)

z. B. Bei weißen Handtüchern sieht man Verschmutzungen sehr gut, deshalb kann man Verunreinigungen leicht erkennen.

c) Der Inhaber wünscht, dass die weißen Handtücher der Kosmetikkabine immer durch eine Kochwäsche desinfiziert werden. Erläutern Sie die desinfizierende Wirkung der Kochwäsche. (2 Punkte)

z. B. Kochwäsche findet bei sehr hohen Temperaturen statt, z. B. bei 90/95 °C.

Die Hitze zerstört die Krankheitserreger.

d) Eine andere Möglichkeit zur Desinfektion der Handtücher wäre die sogenannte chemische Desinfektion. Beschreiben Sie eine Möglichkeit zur chemischen Desinfektion von Handtüchern. (2 Punkte)

8. Ihr neuer Arbeitgeber legt größten Wert auf die Einhaltung der Gesundheitsschutzbestimmungen in seinem Betrieb.

   a) Friseure müssen bei der Tätigkeit im Friseursalon den Hautschutzplan einhalten. Welche Bestimmung ist die Grundlage für den Hautschutzplan? (1 Punkt)

   b) Markieren Sie die drei Tätigkeiten der Aufzählung, für die Sie keine Schutzhandschuhe tragen müssen. (3 Punkte)
      - ❏ Aufkehren der abgeschnittenen Haare
      - ❏ Kopfmassage mit Haarwasser
      - ❏ Haare schneiden
      - ❏ Wickeln der nicht vorbehandelten Haare auf Dauerwellwickler
      - ❏ Anmischen des Färbepräparates
      - ❏ Reinigen der Bedienungsstühle

   c) Für drei der aufgeführten Tätigkeiten dürfen Sie als Friseur bzw. Friseurin ausschließlich Einmalhandschuhe verwenden. Markieren Sie diese Tätigkeiten. (3 Punkte)
      - ❏ Auftragen von Blondierpräparat
      - ❏ Probewickel beim Dauerwellvorgang
      - ❏ Haare waschen
      - ❏ Auftragen von Stylingpräparaten
      - ❏ Abspülen von Haarkuren
      - ❏ Abspülen von permanenten Färbepräparaten

   d) Der Inhaber des Friseurbetriebes hat auch auf eine rückengerechte Einrichtung des Betriebes geachtet. An welchen Einbauten bzw. Einrichtungsgegenständen erkennen Sie dies? Nennen Sie drei. (3 Punkte)

Betriebsorganisation und Kundenmanagement · Lösungen

d) Eine andere Möglichkeit zur Desinfektion der Handtücher wäre die sogenannte chemische Desinfektion. Beschreiben Sie eine Möglichkeit zur chemischen Desinfektion von Handtüchern. (2 Punkte)

z. B. Ich gebe einen desinfizierenden Hygienespüler in die Weichspülkammer der Waschmaschine (2 Punkte).

z. B. Ich verwende ein Wäschedesinfektionsmittel zum Waschen der Handtücher (2 Punkte).

8. Ihr neuer Arbeitgeber legt größten Wert auf die Einhaltung der Gesundheitsschutzbestimmungen in seinem Betrieb.

a) Friseure müssen bei der Tätigkeit im Friseursalon den Hautschutzplan einhalten. Welche Bestimmung ist die Grundlage für den Hautschutzplan? (1 Punkt)

z. B. TRGS 530; Technische Regeln für Gefahrstoffe – Friseurhandwerk

b) Markieren Sie die drei Tätigkeiten der Aufzählung, für die Sie keine Schutzhandschuhe tragen müssen. (3 Punkte)

- X Aufkehren der abgeschnittenen Haare
- ❏ Kopfmassage mit Haarwasser
- X Haare schneiden
- X Wickeln der nicht vorbehandelten Haare auf Dauerwellwickler
- ❏ Anmischen des Färbepräparates
- ❏ Reinigen der Bedienungsstühle

c) Für drei der aufgeführten Tätigkeiten dürfen Sie als Friseur bzw. Friseurin ausschließlich Einmalhandschuhe verwenden. Markieren Sie diese Tätigkeiten. (3 Punkte)

- X Auftragen von Blondierpräparat
- X Probewickel beim Dauerwellvorgang
- ❏ Haare waschen
- ❏ Auftragen von Stylingpräparaten
- ❏ Abspülen von Haarkuren
- X Abspülen von permanenten Färbepräparaten

d) Der Inhaber des Friseurbetriebes hat auch auf eine rückengerechte Einrichtung des Betriebes geachtet. An welchen Einbauten bzw. Einrichtungsgegenständen erkennen Sie dies? Nennen Sie drei. (3 Punkte)

z. B. Höhenverstellbare Rückwärtswaschbecken

z. B. Höhenverstellbare Frisierstühle

z. B. Stehhilfen für die Friseure

e) Friseure müssen auch durch eigenes Verhalten dafür sorgen, dass ihr Rücken gesund bleibt. Nennen Sie zwei geeignete Maßnahmen. (2 Punkte)

9. Ihr neuer Arbeitgeber möchte den Umsatz seines Betriebes steigern. Dazu will er seine Marketingstrategie ändern. In einer Teambesprechung bittet er seine Angestellten um Vorschläge.

   a) Der Betriebsinhaber hat bisher wenig Kommunikationspolitik betrieben. Nennen Sie drei Möglichkeiten zur Absatzwerbung. (3 Punkte)

   b) Ihr Arbeitgeber will vor allem den Verkauf von Haarpflegeprodukten fördern. Unterbreiten Sie ihm einen Vorschlag. (2 Punkte)

   c) Eine Kollegin hat in der örtlichen Zeitung gelesen, dass ein Konkurrenzbetrieb anlässlich der Eröffnung der neuen Kinderkrippe eine Haarschnitt-Sonderaktion gestartet hat und im Anschluss einen Spendenscheck über 250,00 € an den Kindergarten übergeben hat. Zu welchem Bereich der Kommunikationspolitik zählt diese Aktion? (1 Punkt)

   d) Erklären Sie mit zwei Argumenten den Nutzen einer derartigen Aktion für den durchführenden Betrieb. (4 Punkte)

e) Friseure müssen auch durch eigenes Verhalten dafür sorgen, dass ihr Rücken gesund bleibt. Nennen Sie zwei geeignete Maßnahmen. (2 Punkte)

z. B. Rückengymnastik machen; Rückenschule besuchen

z. B. Geeignetes Schuhwerk tragen

z. B. Ausgleichssport machen

---

9. Ihr neuer Arbeitgeber möchte den Umsatz seines Betriebes steigern. Dazu will er seine Marketingstrategie ändern. In einer Teambesprechung bittet er seine Angestellten um Vorschläge.

a) Der Betriebsinhaber hat bisher wenig Kommunikationspolitik betrieben. Nennen Sie drei Möglichkeiten zur Absatzwerbung. (3 Punkte)

z. B. Er kann Anzeigen in der Tageszeitung schalten (1 Punkt).

z. B. Er kann Autos mit einer Werbefolie bestücken (1 Punkt).

z. B. Er kann im lokalen Radio werben (1 Punkt).

b) Ihr Arbeitgeber will vor allem den Verkauf von Haarpflegeprodukten fördern. Unterbreiten Sie ihm einen Vorschlag. (2 Punkte)

z. B. Er kann kostenlos Warenproben an die Kunden verteilen, damit diese die Produkte kennenlernen (2 Punkte).

z. B. Er kann die Produkte zu einem Sonderpreis anbieten, damit die Kunden sie verstärkt kaufen und so kennenlernen (2 Punkte).

c) Eine Kollegin hat in der örtlichen Zeitung gelesen, dass ein Konkurrenzbetrieb anlässlich der Eröffnung der neuen Kinderkrippe eine Haarschnitt-Sonderaktion gestartet hat und im Anschluss einen Spendenscheck über 250,00 € an den Kindergarten übergeben hat. Zu welchem Bereich der Kommunikationspolitik zählt diese Aktion? (1 Punkt)

Öffentlichkeitsarbeit (1 Punkt) *bzw. Public Relations* (1 Punkt)

d) Erklären Sie mit zwei Argumenten den Nutzen einer derartigen Aktion für den durchführenden Betrieb. (4 Punkte)

z. B. Die Kunden lesen in der Presse, dass der Friseurbetrieb für einen guten Zweck Geld gespendet hat (2 Punkte).

z. B. Die Kunden finden das gut und sind eher bereit, in den Salon zu kommen und dort Geld auszugeben (2 Punkte).

10. Der Haarschnitt mit Färbung kostet in Ihrem Betrieb bisher 48,00 Euro. Ihr Arbeitgeber plant eine Preiserhöhung.

a) Für den Haarschnitt mit anschließender Färbung und Frisur benötigt eine Friseurgesellin mit einem Stundenlohn von 10,50 Euro 90 Minuten. Das eingesetzte Material kostet 19,00 Euro. Kalkulieren Sie den Bruttobedienungspreis unter Angabe des Rechenweges, wenn neben der gesetzlichen Mehrwertsteuer mit einem Gemeinkostenzuschlag von 165 % in Bezug auf die Lohnkosten und einem Zuschlag für Gewinn und Risiko in Höhe 30 % gerechnet wird. (13 Punkte)

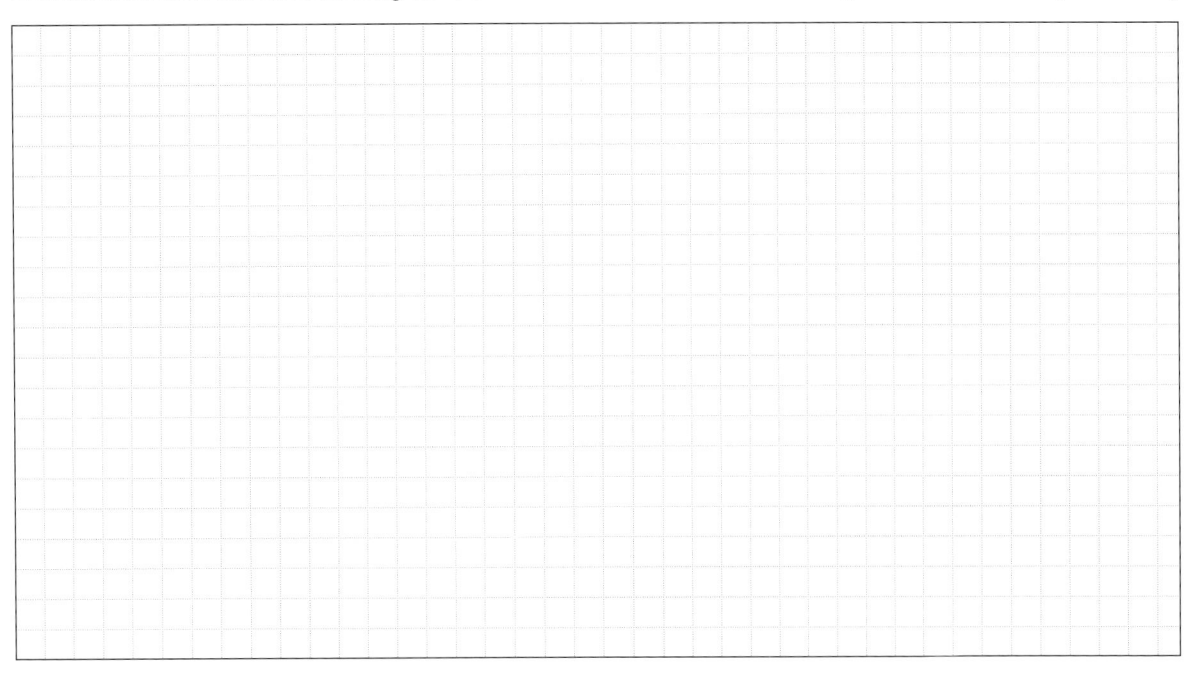

b) Unterbreiten Sie Ihrem Arbeitgeber einen Vorschlag für den neu kalkulierten Preis nach der Erhöhung. Begründen Sie Ihren Vorschlag. (3 Punkte)

---

11. Bei der Kalkulation der Preise muss der Betriebsinhaber auf die eigenen Kosten und auf den Markt Rücksicht nehmen. Markieren Sie die fünf richtigen Aussagen. (5 Punkte)

- ❏ Nur die Preise der Konkurrenz bestimmen die Preise des Betriebes.
- ❏ Ein Betrieb muss die Preise auf Grundlage der Selbstkosten bilden.
- ❏ Teure Kabinettwaren erhöhen die Selbstkosten des Betriebes.
- ❏ Die Miete ist für die Preise unwichtig, sie gehört zu den variablen Kosten.
- ❏ Eine hohe Gewinnspanne schwächt die Marktposition des Betriebes.
- ❏ Überlegter Materialeinsatz sorgt für konkurrenzfähige Preise.
- ❏ Ein Friseur mit viel Stammkundschaft kann die Preise beliebig gestalten.
- ❏ Die Arbeitsauslastung beeinflusst die Kalkulation der Preise.
- ❏ Für ein mittelständisches Kleinunternehmen sind die Preise der Konkurrenz unbedeutend.
- ❏ Ein Betrieb, der viele Dienstleistungen erbringt, hat höhere Fixkosten.

Betriebsorganisation und Kundenmanagement · Lösungen

10. Der Haarschnitt mit Färbung kostet in Ihrem Betrieb bisher 48,00 Euro. Ihr Arbeitgeber plant eine Preiserhöhung.

a) Für den Haarschnitt mit anschließender Färbung und Frisur benötigt eine Friseurgesellin mit einem Stundenlohn von 10,50 Euro 90 Minuten. Das eingesetzte Material kostet 19,00 Euro. Kalkulieren Sie den Bruttobedienungspreis unter Angabe des Rechenweges, wenn neben der gesetzlichen Mehrwertsteuer mit einem Gemeinkostenzuschlag von 165 % in Bezug auf die Lohnkosten und einem Zuschlag für Gewinn und Risiko in Höhe 30 % gerechnet wird. (13 Punkte)

Materialkosten	*19,00 €*
+ Lohnkosten (10,50 € : 60 Minuten · 90 Minuten)	*+ 15,75 €* (2 Punkte)
+ 165 % Gemeinkosten (15,75 € : 100 % · 165 %)	*+ 25,99 €* (2 Punkte)
= Selbstkosten	*= 60,74 €* (1 Punkt)
+ 30 % Gewinn und Risiko (60,74 € : 100 % · 30 %)	*+ 18,22 €* (2 Punkte)
= Nettobedienungspreis	*= 78,96 €* (1 Punkt)
+ 19 % Mehrwertsteuer (78,96 € : 100 % · 19 %)	*+ 15,00 €* (2 Punkte)
= Bruttobedienungspreis	*= 93,96 €* (1 Punkt)

2 Punkte auf das Rechenschema

b) Unterbreiten Sie Ihrem Arbeitgeber einen Vorschlag für den neu kalkulierten Preis nach der Erhöhung. Begründen Sie Ihren Vorschlag. (3 Punkte)

z. B. Ich schlage vor, für den Haarschnitt mit Färbung 95,00 € zu nehmen.

(1 Punkt für einen sinnvollen Vorschlag auf Grundlage des Rechenergebnisses)

z. B. Die psychologische Grenze von 100,00 € wird nicht überschritten, aber die Gewinnspanne wird eingehalten (2 Punkte).

11. Bei der Kalkulation der Preise muss der Betriebsinhaber auf die eigenen Kosten und auf den Markt Rücksicht nehmen. Markieren Sie die fünf richtigen Aussagen. (5 Punkte)

- ❏ Nur die Preise der Konkurrenz bestimmen die Preise des Betriebes.
- X Ein Betrieb muss die Preise auf Grundlage der Selbstkosten bilden.
- X Teure Kabinettwaren erhöhen die Selbstkosten des Betriebes.
- ❏ Die Miete ist für die Preise unwichtig, sie gehört zu den variablen Kosten.
- X Eine hohe Gewinnspanne schwächt die Marktposition des Betriebes.
- X Überlegter Materialeinsatz sorgt für konkurrenzfähige Preise.
- ❏ Ein Friseur mit viel Stammkundschaft kann die Preise beliebig gestalten.
- X Die Arbeitsauslastung beeinflusst die Kalkulation der Preise.
- ❏ Für ein mittelständisches Kleinunternehmen sind die Preise der Konkurrenz unbedeutend.
- ❏ Ein Betrieb, der viele Dienstleistungen erbringt, hat höhere Fixkosten.

Eine Neukundin erzählt von einer bevorstehenden Hochzeit. Das Fest findet auf einer historischen Burg statt und die Gäste wurden gebeten, in einem klassisch-festlichen Stil zu erscheinen. Die Kundin fragt Sie nun um Rat für das passende Styling für diesen Anlass.

1. a) Nennen Sie drei Dienstleistungen, die Sie bei Ihrer Kundin durchführen können. (3 Punkte)

   b) Entscheiden Sie, ob die in der Tabelle angegebenen Faktoren in Ihrer Planung Beachtung finden müssen. (7 Punkte)

	Zu beachten	Nicht zu beachten
Historische Frisurenmode	❏	❏
Alter der Kundin	❏	❏
Beruf der Kundin	❏	❏
Hauttyp der Kundin	❏	❏
Haarlänge und Haarzustand	❏	❏
Farbtyp der Kundin	❏	❏
Hobby der Kundin	❏	❏

   c) Sie erzählen der Kundin, dass die Menschen bereits in früheren Epochen ihre Haare farblich verändert haben. Ordnen Sie dabei die drei angegebenen Epochen der jeweiligen Maßnahme zu. (3 Punkte)

   Ägypter **Biedermeier** **Römer**

Maßnahme	Epoche
Goldstaub; Sonnenbestrahlung mit dem Hut „Solana"	_____
Pflanzenfarben: Indigo und Henna	_____
Metallsalzlösungen aus Blei-, Kupfer-, Eisen- oder Silbersalzen	_____

   d) Die Kundin möchte auf der Hochzeit eine Hochsteckfrisur tragen, diese sollte jedoch nicht zu streng wirken. Nennen Sie zwei Möglichkeiten, die Frisur nicht zu streng wirken zu lassen. (2 Punkte)

Friseurtechniken · Lösungen

Eine Neukundin erzählt von einer bevorstehenden Hochzeit. Das Fest findet auf einer historischen Burg statt und die Gäste wurden gebeten, in einem klassisch-festlichen Stil zu erscheinen. Die Kundin fragt Sie nun um Rat für das passende Styling für diesen Anlass.

1. a) Nennen Sie drei Dienstleistungen, die Sie bei Ihrer Kundin durchführen können. (3 Punkte)

   z. B. Farbveränderung der Haare

   z. B. Permanente oder nichtpermanente Umformung der Haare

   z. B. Dekorative Kosmetik

   z. B. Nageldesign

   z. B. Langhaartechniken (Hochstecken)

   b) Entscheiden Sie, ob die in der Tabelle angegebenen Faktoren in Ihrer Planung Beachtung finden müssen. (7 Punkte)

	Zu beachten	Nicht zu beachten
Historische Frisurenmode	X	☐
Alter der Kundin	X	☐
Beruf der Kundin	☐	X
Hauttyp der Kundin	X	☐
Haarlänge und Haarzustand	X	☐
Farbtyp der Kundin	X	☐
Hobby der Kundin	☐	X

   c) Sie erzählen der Kundin, dass die Menschen bereits in früheren Epochen ihre Haare farblich verändert haben. Ordnen Sie dabei die drei angegebenen Epochen der jeweiligen Maßnahme zu. (3 Punkte)

   Ägypter   **Biedermeier**   **Römer**

Maßnahme	Epoche
Goldstaub; Sonnenbestrahlung mit dem Hut „Solana"	*Römer*
Pflanzenfarben: Indigo und Henna	*Ägypter*
Metallsalzlösungen aus Blei-, Kupfer-, Eisen- oder Silbersalzen	*Biedermeier*

   d) Die Kundin möchte auf der Hochzeit eine Hochsteckfrisur tragen, diese sollte jedoch nicht zu streng wirken. Nennen Sie zwei Möglichkeiten, die Frisur nicht zu streng wirken zu lassen. (2 Punkte)

   z. B. durch Wellen

   z. B. durch Locken

   z. B. durch Flechtelemente

e) Die Kundin ist nicht sicher, ob sie mit einer Hochsteckfrisur bei diesem Fest richtig liegt. Nennen Sie zwei historische Epochen, in denen Hochsteckfrisuren eine Rolle gespielt haben. (2 Punkte)

f) Sie haben festgestellt, dass Ihre Kundin ein Wintertyp ist. Kennzeichnen Sie die Farben, die für ihre Kleiderwahl geeignet sind. (3 Punkte)

Pastellgrün	Schwarz	Braun	Beige	Orange	Violett	Purpurrot	Rosa
❏	❏	❏	❏	❏	❏	❏	❏

g) Zählen Sie drei Merkmale auf, anhand derer Sie den Wintertyp erkennen. (3 Punkte)

h) Daneben gibt es farbschwache Typen. Geben Sie die beiden farbschwachen Typen mit den jeweils zu ihnen passenden Farben an. (4 Punkte)

i) In der Farbenlehre ist häufig die Rede von Mischfarben zweiter Ordnung. Erklären Sie kurz deren Entstehung. (2 Punkte)

Friseurtechniken · Lösungen

e) Die Kundin ist nicht sicher, ob sie mit einer Hochsteckfrisur bei diesem Fest richtig liegt. Nennen Sie zwei historische Epochen, in denen Hochsteckfrisuren eine Rolle gespielt haben. (2 Punkte)

z. B. Bei den Griechen, Römern, Renaissance, Barock usw.

f) Sie haben festgestellt, dass Ihre Kundin ein Wintertyp ist. Kennzeichnen Sie die Farben, die für ihre Kleiderwahl geeignet sind. (3 Punkte)

Pastellgrün	Schwarz	Braun	Beige	Orange	Violett	Purpurrot	Rosa
❑	*X*	❑	❑	❑	*X*	*X*	❑

g) Zählen Sie drei Merkmale auf, anhand derer Sie den Wintertyp erkennen. (3 Punkte)

Haar: Dunkelbraun bis Blauschwarz

Augen: alle Blauvarianten und Brauntöne

Teint: blasse Haut mit blauem Unterton oder Olivton

h) Daneben gibt es farbschwache Typen. Geben Sie die beiden farbschwachen Typen mit den jeweils zu ihnen passenden Farben an. (4 Punkte)

Sommertyp: z. B. alle Pastellfarben

Herbsttyp: z. B. alle Trübfarben

i) In der Farbenlehre ist häufig die Rede von Mischfarben zweiter Ordnung. Erklären Sie kurz deren Entstehung. (2 Punkte)

z. B. Mischfarben zweiter Ordnung entstehen durch das Mischen der nebeneinander liegenden Farben (1 Punkt) *im sechsteiligen Farbkreis* (1 Punkt).

z. B. Bei dieser Mischung handelt es sich immer um eine Grundfarbe (1 Punkt)

und eine Mischfarbe erster Ordnung (1 Punkt).

2. a) Die aktuelle, nicht natürliche Haarfarbe der Kundin enthält einen deutlichen Rot-Ton, mit dem sie unzufrieden ist. Sie schlagen einen Farbabzug vor. Hierfür stehen Ihnen in Ihrem Salon sowohl der alkalische als auch der saure Abzug zur Verfügung. Geben Sie je einen Vor- und einen Nachteil für beide Abzugsarten an! (4 Punkte)

Farbabzug	Alkalischer Farbabzug	Saurer Farbabzug
Vorteil		
Nachteil		

b) Sie entscheiden sich für eine Dunklerfärbung. Für diese mischen Sie 12%iges Wasserstoffperoxid und 1,5%iges Wasserstoffperoxid, um eine 4,5%ige Lösung zu erhalten. Berechnen Sie, wie viel ml Sie sowohl von dem 12%igen als auch von dem 1,5%igen Wasserstoffperoxid abmessen müssen, wenn Sie insgesamt 140 ml benötigen. Geben Sie auch das Mischungsverhältnis mit an. (6 Punkte)

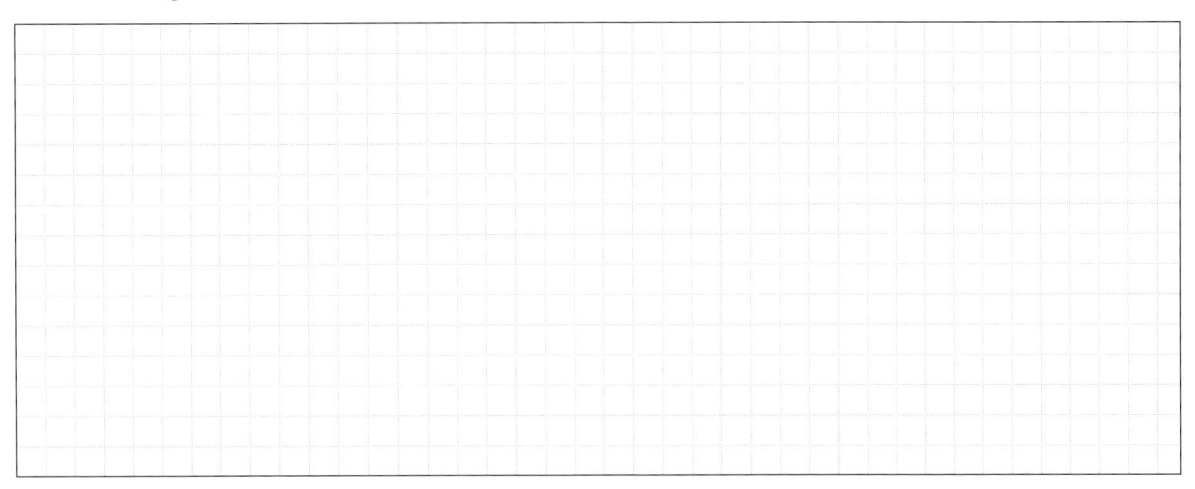

c) Nach der Färbung hat die Kundin immer noch einen Rotstich im Haar, den Sie noch etwas abschwächen möchten. Sie entscheiden sich für eine Tonspülung. Nennen Sie den geeigneten Farbton und geben Sie die Haltbarkeit dieser Farbbehandlung an. (2 Punkte)

d) Zählen Sie zwei weitere Kundenwünsche auf, bei denen sich eine Tonspülung anbietet. (2 Punkte)

Friseurtechniken · Lösungen

2. a) Die aktuelle, nicht natürliche Haarfarbe der Kundin enthält einen deutlichen Rot-Ton, mit dem sie unzufrieden ist. Sie schlagen einen Farbabzug vor. Hierfür stehen Ihnen in Ihrem Salon sowohl der alkalische als auch der saure Abzug zur Verfügung. Geben Sie je einen Vor- und einen Nachteil für beide Abzugsarten an! (4 Punkte)

Farbabzug	Alkalischer Farbabzug	Saurer Farbabzug
Vorteil	*z. B. Aufhellung über ursprüngliche Farbtiefe möglich* *z. B. auch bei länger zurückliegenden Färbungen möglich*	*z. B. haarschonend* *z. B. kann wiederholt werden*
Nachteil	*z. B. stark haarschädigend* *z. B. Neueinfärbung notwendig, dadurch weitere Haarschädigung*	*z. B. nicht für länger zurückliegende Färbungen geeignet* *z. B. nur begrenzte Aufhellung möglich*

b) Sie entscheiden sich für eine Dunklerfärbung. Für diese mischen Sie 12 %iges Wasserstoffperoxid und 1,5 %iges Wasserstoffperoxid, um eine 4,5 %ige Lösung zu erhalten. Berechnen Sie, wie viel ml Sie sowohl von dem 12 %igen als auch von dem 1,5 %igen Wasserstoffperoxid abmessen müssen, wenn Sie insgesamt 140 ml benötigen. Geben Sie auch das Mischungsverhältnis mit an. (6 Punkte)

12 %   *3 : 1,5 = 2 Teile* (2 Punkte)
   4,5 %

1,5 %   *7,5 : 1,5 = 5 Teile*

Mischungsverhältnis = 2 : 5 (1 Punkt)

140 ml = 7 Teile   *1 Teil = 140 ml : 7 = 20 ml* (1 Punkt)

2 Teile · 20 ml = 40 ml 12 %iges Wasserstoffperoxid (1 Punkt)

5 Teile · 20 ml = 100 ml 1,5 %iges Wasserstoffperoxid (1 Punkt)

c) Nach der Färbung hat die Kundin immer noch einen Rotstich im Haar, den Sie noch etwas abschwächen möchten. Sie entscheiden sich für eine Tonspülung. Nennen Sie den geeigneten Farbton und geben Sie die Haltbarkeit dieser Farbbehandlung an. (2 Punkte)

z. B. Eine Tonspülung im matten Bereich ist geeignet. Sie hält für ein bis zwei Haarwäschen.

d) Zählen Sie zwei weitere Kundenwünsche auf, bei denen sich eine Tonspülung anbietet. (2 Punkte)

z. B. um mehr Glanz in das Haar zu bringen

z. B. um eine Haarfarbe wieder aufzufrischen

z. B. um eine ungleiche Farbe auszugleichen

z. B. um die Farbnuance noch leuchtender, intensiver zu machen

e) **Beim Farbausgleich benötigen Sie die Kenntnis über Komplementärfarben. Kreuzen Sie die richtige Aussage dazu an.** (1 Punkt)

   Komplementärfarben sind Farben, die sich gegenseitig verstärken. ☐

   Komplementärfarben sind Farben, die im Farbkreis nebeneinander liegen. ☐

   Komplementärfarben sind Farben, die gemischt Schwarz ergeben. ☐

   Komplementärfarben sind Farben, die sich gegenseitig abschwächen. ☐

f) **In Tönungspräparaten sind Farbpigmente enthalten. Entscheiden Sie, welche der aufgeführten Farbpigmente nicht enthalten sind.** (4 Punkte)

Farbpigmente	Nicht enthalten
Kationaktive Farbstoffe	☐
Farbstoffvorstufen	☐
Direktziehende Farbstoffe	☐
Farbstoffe aus dem Zedernstrauch	☐

3. a) **Die Kundin hat nun Bedenken, dass ihr Haar durch die letzte Behandlung sehr strapaziert wird. Sie erklären ihr, dass sich Tönungspräparate im Gegensatz zu oxidativen Behandlungen nicht negativ auf die Haarstruktur auswirken. Erläutern Sie den chemischen Ablauf während einer oxidativen Färbung.** (7 Punkte)

b) **Die Kundin möchte wissen, wie sie ihr Haar nach der heutigen Färbung pflegen muss. Finden Sie dazu eine richtige Aussagekombination, indem Sie die Zahl mit dem richtigen Buchstaben kombinieren.** (2 Punkte)

1. Sie sollte das Haar mit einem reduktiven Pflegepräparat behandeln …	A… dann sind die porösen Spitzen gleich entfernt.
2. Sie sollte regelmäßig nach der Haarwäsche ein saures Pflegepräparat auf das Haar geben …	B… dadurch werden die Disulfidbrücken wieder geschlossen.
3. Sie sollte ihre Haare auf jeden Fall nach der Behandlung schneiden lassen …	C… dieses Präparat quillt das Haar nicht so sehr wie ein alkalisches.
4. Sie sollte die Haare mit einem mildalkalischen Pflegepräparat waschen …	D… dadurch wird das Haar adstringiert und leichter kämmbar.

Lösung: _____

Friseurtechniken · Lösungen

e) **Beim Farbausgleich benötigen Sie die Kenntnis über Komplementärfarben. Kreuzen Sie die richtige Aussage dazu an.** (1 Punkt)

Komplementärfarben sind Farben, die sich gegenseitig verstärken.	❏
Komplementärfarben sind Farben, die im Farbkreis nebeneinander liegen.	❏
Komplementärfarben sind Farben, die gemischt Schwarz ergeben.	❏
Komplementärfarben sind Farben, die sich gegenseitig abschwächen.	*X*

f) **In Tönungspräparaten sind Farbpigmente enthalten. Entscheiden Sie, welche der aufgeführten Farbpigmente nicht enthalten sind.** (4 Punkte)

Farbpigmente	Nicht enthalten
Kationaktive Farbstoffe	❏
Farbstoffvorstufen	*X*
Direktziehende Farbstoffe	❏
Farbstoffe aus dem Zedernstrauch	*X*

3. a) **Die Kundin hat nun Bedenken, dass ihr Haar durch die letzte Behandlung sehr strapaziert wird. Sie erklären ihr, dass sich Tönungspräparate im Gegensatz zu oxidativen Behandlungen nicht negativ auf die Haarstruktur auswirken. Erläutern Sie den chemischen Ablauf während einer oxidativen Färbung.** (7 Punkte)

z. B. Bei der Färbung wird das Haar durch Alkalien (1 Punkt) *geöffnet und das Haar gequollen* (1 Punkt).

Im Haar werden die bereits vorhandenen Pigmente durch aktiven Sauerstoff (1 Punkt) *abgebaut* (1 Punkt).

Außerdem werden die Farbstoffvorstufen (1 Punkt) *durch Oxidation vergrößert/ zu großen Molekülen verbunden* (1 Punkt).

Die entwickelten Farbstoffe können aufgrund des Käfigeffekts/ihrer Größe nicht mehr aus dem Haar gelangen (1 Punkt).

b) **Die Kundin möchte wissen, wie sie ihr Haar nach der heutigen Färbung pflegen muss. Finden Sie dazu eine richtige Aussagekombination, indem Sie die Zahl mit dem richtigen Buchstaben kombinieren.** (2 Punkte)

1. Sie sollte das Haar mit einem reduktiven Pflegepräparat behandeln …	A… dann sind die porösen Spitzen gleich entfernt.
2. Sie sollte regelmäßig nach der Haarwäsche ein saures Pflegepräparat auf das Haar geben …	B… dadurch werden die Disulfidbrücken wieder geschlossen.
3. Sie sollte ihre Haare auf jeden Fall nach der Behandlung schneiden lassen …	C… dieses Präparat quillt das Haar nicht so sehr wie ein alkalisches.
4. Sie sollte die Haare mit einem mildalkalischen Pflegepräparat waschen …	D… dadurch wird das Haar adstringiert und leichter kämmbar.

Lösung: *2D*

4. Für die von Ihnen besprochene Frisur ist eine Lockung der Haare sinnvoll. Sie schlagen vor, die nassen Haare auf kleine Wickler zu drehen und diese trocknen zu lassen. Die Kundin fragt Sie, warum Sie nicht gleich eine Dauerwelle machen, da sie schon länger mit dem Gedanken einer dauerhaften Umformung spielt.

   a) Begründen Sie, warum Sie es ablehnen, nach der Farbbehandlung eine Dauerwelle durchzuführen. (6 Punkte)

   b) Ihre Kundin sitzt mit den Wickeln unter der Trockenhaube. Zählen Sie drei Geräte bzw. Techniken auf, die sich ebenfalls für eine nicht dauerhafte Lockung der Haare anbieten. (3 Punkte)

5. Die Trocknungszeit der Haare nutzen Sie, um mit der Maniküre der Kundin zu beginnen.

   a) Begründen Sie die Notwendigkeit, die dabei geltenden Hygienevorschriften genau einzuhalten. (1 Punkt)

FRISEURTECHNIKEN · LÖSUNGEN

4. Für die von Ihnen besprochene Frisur ist eine Lockung der Haare sinnvoll. Sie schlagen vor, die nassen Haare auf kleine Wickler zu drehen und diese trocknen zu lassen. Die Kundin fragt Sie, warum Sie nicht gleich eine Dauerwelle machen, da sie schon länger mit dem Gedanken einer dauerhaften Umformung spielt.

   a) Begründen Sie, warum Sie es ablehnen, nach der Farbbehandlung eine Dauerwelle durchzuführen. (6 Punkte)

   Grundsätzlich wird davon abgeraten, da die Haare sowohl zweifach chemisch belastet und somit in ihrer Struktur beeinträchtigt werden (1 Punkt), *als auch sich beide Behandlungen gegenseitig beeinflussen* (1 Punkt). *Da bereits die Haare der Kundin gefärbt wurden, würde die Farbtiefe aufgehellt* (1 Punkt) *und die Farbrichtung leuchtkräftiger und intensiver werden. Bei der Kundin würde dies bedeuten, dass der Rotton im Haar noch deutlicher wird* (1 Punkt). *Zudem würde die Wellung ausgeprägter werden* (1 Punkt), *da die Haare aufgrund der Vorbehandlung mit der Farbe saugfähiger sind und somit die Wirkstoffe schneller in das Haar dringen und dort reagieren* (1 Punkt).

   b) Ihre Kundin sitzt mit den Wickeln unter der Trockenhaube. Zählen Sie drei Geräte bzw. Techniken auf, die sich ebenfalls für eine nicht dauerhafte Lockung der Haare anbieten. (3 Punkte)

   z. B. Lockenstab, z. B. Glätteisen, z. B. Rundbürste/Föhn, z. B. Papilloten, z. B. Haftwickel

5. Die Trocknungszeit der Haare nutzen Sie, um mit der Maniküre der Kundin zu beginnen.

   a) Begründen Sie die Notwendigkeit, die dabei geltenden Hygienevorschriften genau einzuhalten. (1 Punkt)

   z. B. Die Hygienevorschriften müssen beachtet werden, da es leicht zu einer Verletzung und damit zu einer Infektion kommen kann.

   z. B. zur Krankheitsvermeidung

b) Nennen Sie zwei Hygienemaßnahmen, die Sie dabei einhalten müssen. (2 Punkte)

c) Geben Sie zu den vorgegebenen Beschreibungen bzw. Aufgaben den jeweiligen Bestandteil des Nagels an. (5 Punkte)

Beschreibung bzw. Aufgabe	Bestandteil des Nagels
Sie besteht aus mehreren Schichten verhornter, flacher Zellen.	
Sie bezeichnet die seitliche Einbettung des Nagels in die Haut.	
Die von Blutgefäßen durchzogene Schicht verleiht dem Nagel seine Farbe.	
Sie schützt den Nagelbereich gegen das Eindringen von Bakterien und Schmutz.	
Diese Schicht wird auch Matrix genannt.	

d) Sie beginnen mit der Maniküre. Beurteilen Sie, ob die folgenden Tätigkeiten richtig ausgeführt werden, und korrigieren Sie mögliche Fehler. (6 Punkte)

Ablauf	Richtig	Falsch	Evtl. Korrektur
Nagelzange zum Kürzen angebracht.	❑	❑	
Beim Formen sollte die Feile am Nagel hin- und her bewegt werden.	❑	❑	
Die Nagelhaut wird mit einer Lösung aus warmem Wasser und Sauerspülung erweicht.	❑	❑	
Der Nagelsaum wird mit einem Nagelreiniger aus Horn oder Kunststoff gereinigt.	❑	❑	

6. Sie erkennen im Gesicht Ihrer Kundin kleine Poren, Milien im Augenbereich, leichte Schüppchen und einen matten Teint.

   a) Geben Sie den Hauttyp mit deutschem Namen und dem Fachbegriff an. (2 Punkte)

Friseurtechniken · Lösungen

b) Nennen Sie zwei Hygienemaßnahmen, die Sie dabei einhalten müssen. (2 Punkte)

z. B. Hände vorher waschen und nach der Behandlung desinfizieren (1 Punkt)

z. B. Handtücher und Arbeitsplatz müssen sauber sein (1 Punkt)

z. B. Die Geräte müssen sauber und desinfiziert sein, staubfrei aufbewahrt

werden (1 Punkt)

c) Geben Sie zu den vorgegebenen Beschreibungen bzw. Aufgaben den jeweiligen Bestandteil des Nagels an. (5 Punkte)

Beschreibung bzw. Aufgabe	Bestandteil des Nagels
Sie besteht aus mehreren Schichten verhornter, flacher Zellen.	*Nagelplatte*
Sie bezeichnet die seitliche Einbettung des Nagels in die Haut.	*Nagelfalz*
Die von Blutgefäßen durchzogene Schicht verleiht dem Nagel seine Farbe.	*Nagelbett*
Sie schützt den Nagelbereich gegen das Eindringen von Bakterien und Schmutz.	*Nagelhaut*
Diese Schicht wird auch Matrix genannt.	*Mutterschicht*

d) Sie beginnen mit der Maniküre. Beurteilen Sie, ob die folgenden Tätigkeiten richtig ausgeführt werden, und korrigieren Sie mögliche Fehler. (6 Punkte)

Ablauf	Richtig	Falsch	Evtl. Korrektur
Nagelzange zum Kürzen angebracht.	*X*	☐	
Beim Formen sollte die Feile am Nagel hin- und her bewegt werden.	☐	*X*	*Beim Formen sollte die Feile am Nagel von der Ecke zur Spitze geführt werden.*
Die Nagelhaut wird mit einer Lösung aus warmem Wasser und Sauerspülung erweicht.	☐	*X*	*Die Nagelhaut wird mit einer Lösung aus warmem Wasser und Shampoo/Seife erweicht.*
Der Nagelsaum wird mit einem Nagelreiniger aus Horn oder Kunststoff gereinigt.	*X*	☐	

6. Sie erkennen im Gesicht Ihrer Kundin kleine Poren, Milien im Augenbereich, leichte Schüppchen und einen matten Teint.

a) Geben Sie den Hauttyp mit deutschem Namen und dem Fachbegriff an. (2 Punkte)

Trockene Haut = Sebostase

FRISEURTECHNIKEN · AUFGABEN

b) Sie empfehlen Ihrer Kundin, bereits bei der Reinigung auf die richtigen Präparate zu achten. Zählen Sie zwei geeignete Reinigungspräparate auf. (2 Punkte)

c) Seit ihrer Pubertät hat die Kundin mehrere weiße, scharf begrenzte Flecken im Gesicht und an den Händen, die deutlich sichtbar sind. Benennen Sie diese Hautveränderung. (1 Punkt)

d) Geben Sie das Präparat an, welches sich zum Abdecken im Gesicht eignet. (1 Punkt)

e) Sie geben ihr für das Ausgleichen der ungleichen Lippen einen Schminktipp. Beschreiben Sie das Vorgehen. (2 Punkte)

f) Sie sehen bei der Kundin einige gut erkennbare Härchen oberhalb der Lippe. Zur Entfernung der Härchen gibt es verschiedene Möglichkeiten, die sich in Epilation und Depilation unterteilen lassen. Geben Sie den Unterschied an und nennen Sie je ein Beispiel. (4 Punkte)

Epilation:

Depilation:

b) Sie empfehlen Ihrer Kundin, bereits bei der Reinigung auf die richtigen Präparate zu achten. Zählen Sie zwei geeignete Reinigungspräparate auf. (2 Punkte)

z. B. Reinigungscreme

z. B. Reinigungsmilch

z. B. alkoholfreies Gesichtswasser

c) Seit ihrer Pubertät hat die Kundin mehrere weiße, scharf begrenzte Flecken im Gesicht und an den Händen, die deutlich sichtbar sind. Benennen Sie diese Hautveränderung. (1 Punkt)

Weißfleckenkrankheit/Vitiligo

d) Geben Sie das Präparat an, welches sich zum Abdecken im Gesicht eignet. (1 Punkt)

z. B. Camouflage, stark abdeckende Präparate

e) Sie geben ihr für das Ausgleichen der ungleichen Lippen einen Schminktipp. Beschreiben Sie das Vorgehen. (2 Punkte)

Man umrahmt die Lippen mit einem Lippenkonturenstift. Dabei fährt man

an der schmaleren Seite der Lippe den äußeren Lippenrand nach (1 Punkt),

an der breiteren Seite den inneren Lippenrand (1 Punkt).

f) Sie sehen bei der Kundin einige gut erkennbare Härchen oberhalb der Lippe. Zur Entfernung der Härchen gibt es verschiedene Möglichkeiten, die sich in Epilation und Depilation unterteilen lassen. Geben Sie den Unterschied an und nennen Sie je ein Beispiel. (4 Punkte)

Epilation: *dauerhafte Haarentfernung; z. B. Laserbehandlung, Lichtbehandlung, Nadelelektrodenbehandlung*

Depilation: *nicht dauerhafte Haarentfernung; z. B. Zupfen mit der Pinzette, Wachsen, Rasieren*

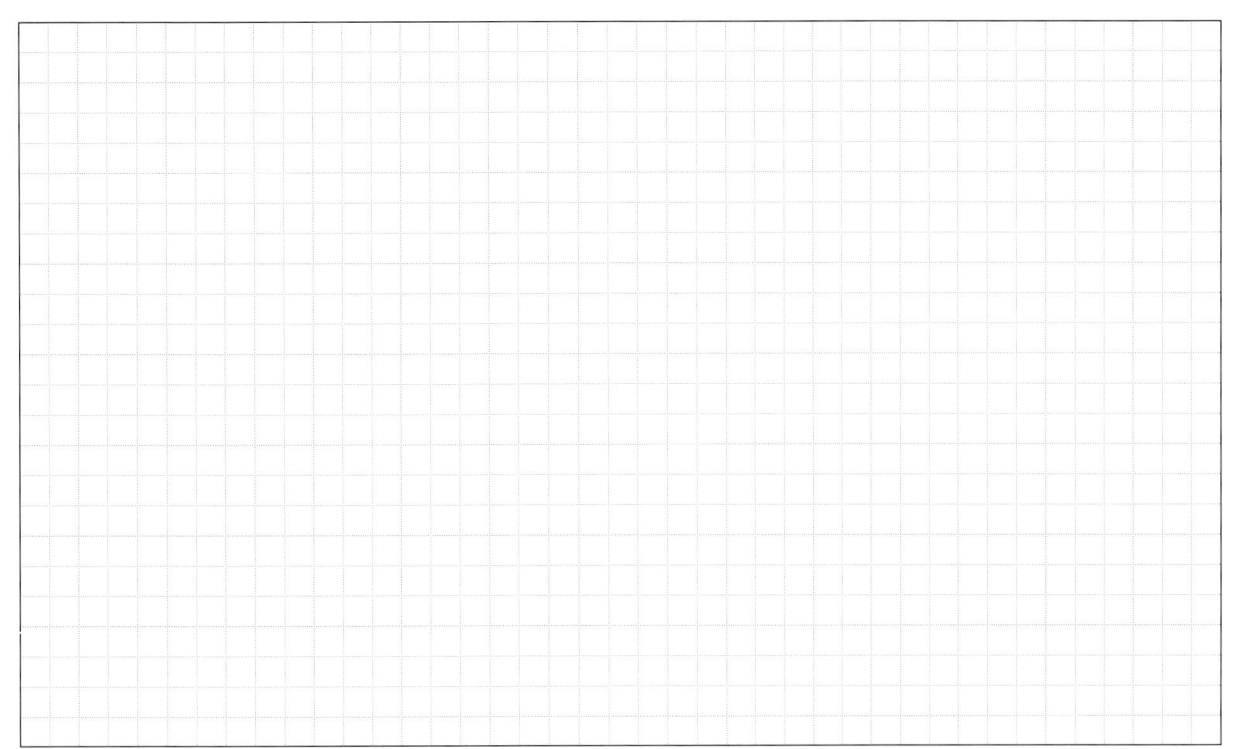

7. Sie stellen in Ihrem Salon eine neue Kosmetikerin ein. Sie erhält einen Monatslohn von 1.506 Euro. Für die Lohnnebenkosten veranschlagen Sie 354 Euro und die Gemeinkosten kalkulieren Sie mit 145 % in Bezug zu den Lohnkosten im gleichen Zeitraum. Da sie Vollzeit arbeitet, rechnen Sie mit 173 Stunden, die sie im Monat arbeitet. Berechnen Sie den Minutenkostensatz für Ihre neue Mitarbeiterin. (8 Punkte)

Friseurtechniken · Lösungen

7. Sie stellen in Ihrem Salon eine neue Kosmetikerin ein. Sie erhält einen Monatslohn von 1.506 Euro. Für die Lohnnebenkosten veranschlagen Sie 354 Euro und die Gemeinkosten kalkulieren Sie mit 145 % in Bezug zu den Lohnkosten im gleichen Zeitraum. Da sie Vollzeit arbeitet, rechnen Sie mit 173 Stunden, die sie im Monat arbeitet. Berechnen Sie den Minutenkostensatz für Ihre neue Mitarbeiterin. (8 Punkte)

Monatslohn		*1.506 €*	
+ Lohnnebenkosten		*+ 354 €*	(1 Punkt)
= tatsächliche Lohnkosten		*= 1.860 €*	(1 Punkt)
+ Gemeinkosten	$\dfrac{1.860\ € \cdot 145\,\%}{100\,\%}$	*+ 2.697 €*	(1 Punkt)
= Selbstkosten		*= 4.557 €*	(1 Punkt)

Stundenkostensatz = Selbstkosten : Monatsstunden
Stundenkostensatz = 4.557 € : 173 Std = 26,34 € pro Stunde (2 Punkte)

Minutenkostensatz = Stundenkostensatz : 60 Minuten
Minutenkostensatz = 26,34 € : 60 Minuten = 0,44 € pro Minute (2 Punkte)

LÖSUNGSBOGEN
WIRTSCHAFTS- UND SOZIALKUNDE

Erreichte Punkte

Name, Vorname: _____ Platzziffer: _____

Prüfung 2

	a	b	c	d	Korr.	
1						1
2						2
3						3
4						4
5						5
6						6
7						7
8						8
9						9
10						10
11						11
12						12
13						13
14						14
15						15
16						16
17						17
18						18
19						19
20						20
21						21
22						22
23						23
24						24
25						25
	a	b	c	d	Korr.	

Wirtschafts- und Sozialkunde · Aufgaben

1. **Welcher Bestandteil im Ausbildungsvertrag ist ungültig?**
   a) Dauer des Urlaubs
   b) Vergütung
   c) Übernahme in den Betrieb nach der Ausbildungszeit
   d) Teilnahme an Fortbildungen

2. **Für wen ist das Jugendarbeitsschutzgesetz nicht bestimmt?**
   a) Für Jugendliche, die noch schulpflichtig sind
   b) Für Auszubildende, die bereits volljährig sind
   c) Für Jugendliche, die sich in einem Ausbildungsverhältnis befinden
   d) Für Arbeitnehmer unter 18 Jahren, die sich in einem Arbeitsverhältnis befinden

3. **Wie lang darf eine Probezeit maximal in der Ausbildung dauern?**
   a) 2 Monate
   b) 3 Monate
   c) 4 Monate
   d) 5 Monate

4. **Das Arbeitsverhältnis wird in beiderseitigem Einverständnis mit einem Aufhebungsvertrag aufgelöst. Mit welchen Konsequenzen hat der Arbeitnehmer zu rechnen?**
   a) Man wird keine neue Beschäftigung in dem Berufsfeld bekommen, da man bereits ein Beschäftigungsverhältnis einvernehmlich aufgelöst hat.
   b) Man wird kein Arbeitslosengeld bekommen, da man der Beendigung des Arbeitsverhältnisses zugestimmt hat.
   c) Man erhält Fördermaßnahmen, da man im gegenseitigen Einverständnis und nicht im Streit das Arbeitsverhältnis aufgelöst hat.
   d) Man wird der Industrie- und Handelskammer gemeldet, da das Arbeitsverhältnis aufgelöst wurde.

5. **In welchem Fall ist eine außerordentliche (fristlose) Kündigung gerechtfertigt?**
   a) Bei späterem Bekanntwerden gefälschter Zeugnisse des Arbeitnehmers
   b) Bei langanhaltendem Arbeitsmangel der Firma
   c) Bei längerdauernder Krankheit des Arbeitnehmers
   d) Sobald sich ein Arbeitnehmer bewirbt, der bessere Zeugnisse hat

6. **Wann muss ein Berufsausbildungsverhältnis verlängert werden?**
   a) Auf Verlangen des Auszubildenden bei nicht bestandener Abschlussprüfung
   b) Auf Verlangen des Ausbilders bei nicht bestandener Abschlussprüfung
   c) Automatisch bei Nichtbestehen der Abschlussprüfung
   d) Auf Verlangen der Berufsschule bei ungenügenden Leistungen

7. **Können Betriebsräte auch in mittelständischen Friseurbetrieben gewählt werden? Welche Erläuterung ist richtig?**
   a) Nein, Betriebsräte können nur in großen Konzernen, die mindestens 100 Mitarbeiter haben, gewählt werden.
   b) Ja, ab einer Betriebsgröße von 5 ständigen, wahlberechtigten Mitarbeitern kann ein Betriebsrat gewählt werden.
   c) Nein, nur Betriebe, die im metallverarbeitenden Bereich produzieren, können Betriebsräte wählen.
   d) Ja, jeder Ausbildungsbetrieb kann unabhängig von der Beschäftigtenzahl einen Betriebsrat wählen.

8. **Welche Personen werden vom Betriebsrat vertreten?**
   a) Arbeiter, Angestellte und Auszubildende
   b) Nur behinderte Mitglieder
   c) Nur Gewerkschaftsmitglieder
   d) Ausbilder und Chefs

9. **Welche Organisation vertritt bei Tarifverhandlungen die Interessen der Friseurarbeitnehmer?**
   a) Die Berufsgenossenschaft für Gesundheitsdienst und Wohlfahrtspflege
   b) Die Landesinnung des bayerischen Friseurhandwerks
   c) Die Gewerkschaft Handel, Banken und Versicherungen
   d) Die Gewerkschaft Vereinigte Dienstleistungen (ver.di)

10. **Welche der genannten Organisationen kann Tarifverträge für das bayerische Friseurhandwerk abschließen?**
    a) Die jeweilige Friseurinnung
    b) Der Landesinnungsverband der Friseure
    c) Die Handwerkskammer
    d) Die Berufsgenossenschaft für Gesundheitsdienst und Wohlfahrtspflege

11. **Wo kann eine Friseurgesellin nachlesen, ob ihr Lohn dem geltenden Mindestsatz entspricht?**
    a) Im Berufsbildungsgesetz
    b) Im Berufsausbildungsvertrag
    c) Im Tarifvertrag
    d) Im Jugendarbeitsschutzgesetz

12. **Wer muss die Bestimmungen zur Arbeitssicherheit am Arbeitsplatz, die am Schwarzen Brett aushängen, einhalten?**
    a) Gewerbeaufsichtsamt
    b) Berufsgenossenschaft
    c) Lehrlingswart der Innung
    d) Arbeitgeber und Arbeitnehmer

13. **Ein Friseur erhält von einem Hautarzt die Auskunft, dass er seinen Beruf wegen einer typischen Hauterkrankung nicht weiter ausüben kann. Von der Berufsgenossenschaft wird das Gutachten des Facharztes nicht anerkannt. Vor welchem Gericht müsste dieser Rechtsstreit ausgetragen werden?**
    a) Arbeitsgericht
    b) Amtsgericht, weil der Streitwert unter 10.000 € liegt
    c) Verwaltungsgericht
    d) Sozialgericht

14. **Welche Versicherung ist keine Sozialversicherung?**
    a) Krankenversicherung
    b) Unfallversicherung
    c) Lebensversicherung
    d) Pflegeversicherung

15. **In welchem Fall tritt die gesetzliche Unfallversicherung in Kraft?**
    a) Auf dem Weg zur Arbeit telefoniert der Arbeitnehmer mit seinem Handy ohne Freisprechanlage während des Fahrens und erleidet einen Verkehrsunfall.
    b) Auf dem Weg zur Arbeit erleidet der Arbeitnehmer einen Verkehrsunfall.
    c) Auf dem Weg heim nach einer privaten Wochenendveranstaltung erleidet der Arbeitnehmer einen Verkehrsunfall.
    d) Auf dem Weg heim nach der Arbeit fährt der Arbeitnehmer noch ins Fitness-Studio und erleidet im Anschluss einen Verkehrsunfall.

16. **Welche der genannten Einrichtungen ist ein Träger der gesetzlichen Krankenversicherung?**
    a) Bundesversicherungsanstalt für Angestellte
    b) Deutsche Beamtenversicherung
    c) Berufsgenossenschaft
    d) Allgemeine Ortskrankenkasse (AOK)

17. **Eine Friseurin wird für längere Zeit arbeitslos. Wer bezahlt ihre Krankenversicherungsbeiträge für diese Zeit?**
    a) Der letzte Arbeitgeber
    b) Die Friseurin selbst
    c) Die Agentur für Arbeit (Arbeitsamt)
    d) Das Finanzamt

18. **Menschen können aus wirtschaftlichen Gründen ihren Arbeitsplatz verlieren oder keine Arbeitsstelle finden. Wann ist dies der Fall?**
    a) Sybille (16 Jahre) hat keinen Schulabschluss.
    b) Herr Meier (35 Jahre) hat nie einen Beruf erlernt.
    c) Friseur Haargenau muss mehrere Mitarbeiter entlassen, da die Kunden ausbleiben.
    d) Friseurgesellin Irene hat eine berufstypische Allergie und muss kündigen.

Wirtschafts- und Sozialkunde · Aufgaben

19. Eine Friseurgesellin findet nach der Ausbildung keinen Arbeitsplatz in ihrem Beruf. Die Beraterin der Agentur für Arbeit rät ihr zu einer Umschulung. Was versteht man unter dieser Maßnahme?
- a) Eine schulische Bildungsmaßnahme zur Überbrückung der Arbeitslosigkeit
- b) Eine weitere Ausbildung in einem anderen Beruf
- c) Eine schulische Ausbildung zur besseren Qualifikation im erlernten Beruf
- d) Eine Fortbildungsmaßnahme im erlernten Beruf

20. Eine Friseurin beendet nach 15 Gesellenjahren ihre Berufstätigkeit. Sie erhält später …
- a) kein Altersruhegeld, weil die Dauer der Beschäftigung zu kurz war.
- b) nur dann eine Altersrente, wenn sie ledig bleibt.
- c) Altersruhegeld entsprechend ihrer Beitragsleistung und -dauer.
- d) die eingezahlten Beiträge in einer Summe zurück.

21. Der Konjunkturverlauf kann grafisch mit vier Phasen dargestellt werden. Wie heißen diese Phasen?
- a) Expansion, Boom, Rezession, Depression
- b) Extension, Boom, Expansion, Depression
- c) Boom, Stagflation, Depression, Expansion
- d) Rezession, Depression, Expansion, Inflation

22. Welche Aussage über den Boom ist richtig?
- a) Steuereinnahmen sinken
- b) Unternehmergewinne sinken
- c) Die Produktion geht zurück
- d) Neue Arbeitsplätze entstehen

23. Der Staat erhöht seine Bauaufträge um 50 Mrd. Euro. Was soll mit dieser Maßnahme erreicht werden?
- a) Die Konjunktur wird gebremst.
- b) Die Konjunktur wird angekurbelt.
- c) Die Einkommen der Privathaushalte sinken.
- d) Die Steuereinnahmen des Staates sinken.

24. Welche der folgenden Unternehmungen ist üblicherweise eine Einzelunternehmung?
- a) Kernkraftwerk
- b) Chemiekonzern
- c) Friseursalon
- d) Mineralölkonzern

25. Bei welcher Aussage handelt es sich um ein Kennzeichen für eine Inflation?
- a) Das Preisniveau steigt, die Löhne bleiben gleich.
- b) Das Preisniveau sinkt, die Löhne steigen.
- c) Das Lohnniveau sinkt und das Preisniveau ebenfalls.
- d) Das Lohnniveau steigt, die Löhne steigen auch.

Prüfung 2

LÖSUNGSBOGEN
WIRTSCHAFTS- UND SOZIALKUNDE

Name, Vorname: *Lösung*   Platzziffer: _____

Prüfung 2

	a	b	c	d	Korr.	
1			X			1
2		X				2
3			X			3
4		X				4
5	X					5
6	X					6
7		X				7
8	X					8
9				X		9
10		X				10
11			X			11
12				X		12
13				X		13
14			X			14
15		X				15
16				X		16
17			X			17
18			X			18
19		X				19
20			X			20
21	X					21
22				X		22
23		X				23
24			X			24
25	X					25
	a	b	c	d	Korr.	

Wirtschafts- und Sozialkunde

Offene Aufgaben, 25 Punkte
Bearbeitungszeit: 30 Minuten

Lesen Sie die Fragen genau durch und beantworten Sie diese dann möglichst sachlich und stichwortartig.

Es wird nicht die sprachliche Leistung, sondern die Richtigkeit des Inhalts bewertet. Antworten Sie so ausführlich wie nötig, aber so kurz wie möglich.

WIRTSCHAFTS- UND SOZIALKUNDE · AUFGABEN

1. Arbeitslosigkeit kann unterschiedliche Ursachen in den Betrieben haben. Man unterscheidet unter anderem saisonale und konjunkturelle Arbeitslosigkeit.
   Finden Sie zu diesen beiden Formen der Arbeitslosigkeit je ein Beispiel aus dem Berufsfeld des Friseurs/der Friseurin. (4 Punkte)

Form der Arbeitslosigkeit	Beispiel
saisonal	
konjunkturell	

2. Schattenwirtschaft oder „Schwarzarbeit" ist auch im Friseurhandwerk verbreitet. Dieses hat allerdings problematische Auswirkungen auf die Volkswirtschaft. Beurteilen Sie kritisch in Bezug auf die o. g. Auswirkungen die Schattenwirtschaft mit zwei Argumenten. (4 Punkte)

WIRTSCHAFTS- UND SOZIALKUNDE · LÖSUNGEN

1. Arbeitslosigkeit kann unterschiedliche Ursachen in den Betrieben haben. Man unterscheidet unter anderem saisonale und konjunkturelle Arbeitslosigkeit.
Finden Sie zu diesen beiden Formen der Arbeitslosigkeit je ein Beispiel aus dem Berufsfeld des Friseurs/der Friseurin. (4 Punkte)

Form der Arbeitslosigkeit	Beispiel
saisonal	*z. B. In Kurorten zum Beispiel ist die Kundenfrequenz von der jeweiligen Kursaison abhängig, in nicht so stark frequentierten Zeiten können Gesellinnen entlassen werden.*
	z. B. in Skigebieten außerhalb der Winterzeit
konjunkturell	*z. B. Die Kundschaft hat aufgrund von Wirtschaftskrisen keine finanziellen Mittel mehr, zum Friseur zu gehen. Dann werden auch die Betriebe ihre Mitarbeiterzahlen senken müssen.*
	z. B. In Gebieten mit erhöhter Arbeitslosigkeit hat die Kundschaft keine finanziellen Mittel mehr, zum Friseur zu gehen. Dann werden auch die Betriebe ihre Mitarbeiterzahlen senken müssen.

2. Schattenwirtschaft oder „Schwarzarbeit" ist auch im Friseurhandwerk verbreitet. Dieses hat allerdings problematische Auswirkungen auf die Volkswirtschaft. Beurteilen Sie kritisch in Bezug auf die o. g. Auswirkungen die Schattenwirtschaft mit zwei Argumenten. (4 Punkte)

z. B. Für die Arbeit werden keine Steuern und Sozialabgaben gezahlt, darunter leidet die Solidargemeinschaft.

z. B. Friseursalons sind von ihrer Existenz bedroht, da die Kundschaft, die durch die Schwarzarbeit bedient wird, im Salon fehlt.

z. B. Arbeitslosigkeit steigt, da Friseursalons mit rückläufigen Kundenzahlen durch Schwarzarbeit nicht mehr einstellen.

3. Arbeitslosigkeit hat aber nicht nur gesellschaftliche Konsequenzen, sondern belastet auch die betroffenen Arbeitnehmer persönlich. Nennen Sie zwei Folgen der Arbeitslosigkeit für den Betroffenen persönlich. (2 Punkte)

4. Das Arbeitszeitgesetz enthält wichtige Bestimmungen. Listen Sie die 3 Bereiche auf, die das Arbeitszeitgesetz regelt. (3 Punkte)

5. In Ihrem Betrieb ist gerade Hochsaison und Sie (volljährige Gesellin) arbeiten von morgens 8 Uhr bis abends 19 Uhr. Vormittags und nachmittags schaffen Sie es, eine halbe Stunde Pause zu nehmen. Ihre Chefin sagt: „Da müssen wir jetzt alle durch. Wenn die Ferien vorbei sind, wird es auch wieder ruhiger."

   Wie beurteilen Sie die Situation vor dem Hintergrund, der im Arbeitszeitgesetz festgelegten täglichen Arbeitszeit? (3 Punkte)

6. Unterscheiden Sie Ruhepausen von der Ruhezeit. (2 Punkte)

   Ruhezeit

   Ruhepause

7. Wie lange darf eine volljährige Auszubildende im 2. Lehrjahr maximal ohne Ruhepause arbeiten? (1 Punkt)

WIRTSCHAFTS- UND SOZIALKUNDE · LÖSUNGEN

3. Arbeitslosigkeit hat aber nicht nur gesellschaftliche Konsequenzen, sondern belastet auch die betroffenen Arbeitnehmer persönlich. Nennen Sie zwei Folgen der Arbeitslosigkeit für den Betroffenen persönlich. (2 Punkte)

z. B. körperlich inaktiv, z. B. geistig träge, z. B. seelisch instabil

z. B. geringe Kontaktfähigkeit, z. B. geringe Selbstachtung, z. B. finanzielle Einbußen

4. Das Arbeitszeitgesetz enthält wichtige Bestimmungen. Listen Sie die 3 Bereiche auf, die das Arbeitszeitgesetz regelt. (3 Punkte)

Tägliche oder wöchentliche Arbeitszeit, Ruhepausen, Ruhezeit, Nacht- und Schichtarbeit

(keine anderen Antworten möglich)

5. In Ihrem Betrieb ist gerade Hochsaison und Sie (volljährige Gesellin) arbeiten von morgens 8 Uhr bis abends 19 Uhr. Vormittags und nachmittags schaffen Sie es, eine halbe Stunde Pause zu nehmen. Ihre Chefin sagt: „Da müssen wir jetzt alle durch. Wenn die Ferien vorbei sind, wird es auch wieder ruhiger."

Wie beurteilen Sie die Situation vor dem Hintergrund, der im Arbeitszeitgesetz festgelegten täglichen Arbeitszeit? (3 Punkte)

z. B. Tägliche Arbeitszeit kann auf 10 Std. tägl. verlängert werden,

wenn innerhalb von 6 Monaten der Durchschnitt von 8 Std./Tag eingehalten wird.

6. Unterscheiden Sie Ruhepausen von der Ruhezeit. (2 Punkte)

Ruhezeit   *zwischen den Arbeitstagen*

Ruhepause   *während der Arbeitszeit*

7. Wie lange darf eine volljährige Auszubildende im 2. Lehrjahr maximal ohne Ruhepause arbeiten? (1 Punkt)

6 Stunden

8. Werbung ist ein Mittel zum Wecken von Bedürfnissen. Nennen Sie die zwei Funktionen, die eine erfolgreiche Werbung erfüllen muss. (2 Punkte)

9. Werbung sollte eine marktwirksame Nachfrage erzielen. Erklären Sie diese Aussage und verwenden Sie hierbei die Begriffe: Werbung, Nachfrage, Kaufkraft, Bedarf und Bedürfnisse. (4 Punkte)

WIRTSCHAFTS- UND SOZIALKUNDE · LÖSUNGEN

8. Werbung ist ein Mittel zum Wecken von Bedürfnissen. Nennen Sie die zwei Funktionen, die eine erfolgreiche Werbung erfüllen muss. (2 Punkte)

Informationsfunktion

Anreizfunktion

9. Werbung sollte eine marktwirksame Nachfrage erzielen. Erklären Sie diese Aussage und verwenden Sie hierbei die Begriffe: Werbung, Nachfrage, Kaufkraft, Bedarf und Bedürfnisse. (4 Punkte)

z. B. Bedürfnisse sind individuelle Wünsche, die durch Werbung geweckt werden.

Unter Berücksichtigung von Kaufwille und Kaufkraft entsteht der tatsächliche Bedarf,

aus dem die marktwirksame Nachfrage resultiert.

Prüfung 3

Schriftliche Aufgabenstellungen zu
- **Betriebsorganisation und Kundenmanagement**
- **Friseurtechniken**
- **Wirtschafts- und Sozialkunde**

*Bei den vorgegebenen Lösungen handelt es sich um Lösungsvorschläge.
Deshalb sind auch andere Lösungen zu akzeptieren.*

Beantworten Sie die Fragen mit eigenen Worten auf den vorgegebenen Zeilen!
Bei Platzmangel benutzen Sie bitte eigene Blätter unter Angabe der Ziffer der Aufgabe!

Prüfung 3

Eine Friseurin arbeitet seit einigen Jahren sehr erfolgreich in einem Friseursalon.
Sie hat vor einem Jahr die Meisterprüfung bestanden und möchte sich nun selbstständig machen.

1. Mit dem Meistertitel sind auch andere Aufstiegs- und Tätigkeitsgebiete möglich.
   Geben Sie 2 Alternativen zur geplanten Selbstständigkeit an. (2 Punkte)

2. Bei der Einrichtung ihres geplanten neuen Salons müssen Bereiche und Räume gestaltet werden, ohne die kein Salon auskommen kann.

   a) Nennen Sie 4 Bereiche/Räume, die in jedem Salon vorhanden sein müssen. (4 Punkte)

   b) Wählen Sie einen der Bereiche/Räume unter 2a) aus und unterteilen Sie diesen in 2 weitere Zonen. (2 Punkte)

3. Zur Gestaltung des neuen Friseurgeschäftes gehört neben der Innengestaltung auch die Außengestaltung des Salons.
   Zählen Sie je 2 Möglichkeiten der Innen- und Außengestaltung auf. (4 Punkte)

   Innengestaltung:

   Außengestaltung:

Betriebsorganisation und Kundenmanagement · Lösungen

Eine Friseurin arbeitet seit einigen Jahren sehr erfolgreich in einem Friseursalon.
Sie hat vor einem Jahr die Meisterprüfung bestanden und möchte sich nun selbstständig machen.

1. Mit dem Meistertitel sind auch andere Aufstiegs- und Tätigkeitsgebiete möglich.
   Geben Sie 2 Alternativen zur geplanten Selbstständigkeit an. (2 Punkte)

   z. B. Fachpraxislehrerin Berufsschule

   z. B. Filialleiterin in einem Salon

   z. B. Studium

   z. B. Ausbilderin in einem fremden Salon

2. Bei der Einrichtung ihres geplanten neuen Salons müssen Bereiche und Räume gestaltet werden, ohne die kein Salon auskommen kann.

   a) Nennen Sie 4 Bereiche/Räume, die in jedem Salon vorhanden sein müssen. (4 Punkte)

   z. B. Empfangsbereich

   z. B. Bedienungsbereich

   z. B. Arbeitsraum/Labor/Mixecke

   z. B. Personalraum

   b) Wählen Sie einen der Bereiche/Räume unter 2a) aus und unterteilen Sie diesen in 2 weitere Zonen. (2 Punkte)

   z. B. Empfangsbereich: Rezeption und Wartezone

   z. B. Bedienungsbereich: Waschplätze, Bedienungsplätze, Beratungsplätze und Kosmetikbereich

   z. B. Arbeitsräume: Färbeecke/Friseurlabor, Wirtschaftsraum und Lagerraum

3. Zur Gestaltung des neuen Friseurgeschäftes gehört neben der Innengestaltung auch die Außengestaltung des Salons.
   Zählen Sie je 2 Möglichkeiten der Innen- und Außengestaltung auf. (4 Punkte)

   Innengestaltung: *z. B. Möbel, Beleuchtung, Farben, Dekoration, Pflanzen, Musik, Düfte*

   Außengestaltung: *z. B. Fassade, Name/Namensschild, Logo, Schaufenster, Passantenstopper, Außenplatzierung von Waren, Lichteffekte*

4. Das Schaufenster des Salons ist neu gestaltet.

   a) Beschreiben Sie 2 Aufgaben des Schaufensters. (2 Punkte)

   b) Es gibt verschiedene Gestaltungsformen für die Schaufensterdekoration:

   Themenfenster,
   Übersichtsfenster,
   Ein-Artikel-Fenster,
   Stapelfenster,
   Markenfenster.

   Wählen Sie eine dieser Gestaltungsformen aus und beschreiben Sie diese. (2 Punkte)

BETRIEBSORGANISATION UND KUNDENMANAGEMENT · LÖSUNGEN

4. **Das Schaufenster des Salons ist neu gestaltet.**

   a) **Beschreiben Sie 2 Aufgaben des Schaufensters.** (2 Punkte)

   z. B. Das Schaufenster ist ein wichtiges Werbemittel des Friseurs (1 Punkt).

   z. B. Es zeigt, welche Art von Geschäft hier präsentiert wird (1 Punkt),

   stellt das Leistungsangebot des Salons vor (1 Punkt),

   weckt Kaufwünsche und Sehnsüchte möglicher Kunden (1 Punkt) *und macht diese*

   neugierig (1 Punkt) *und stellt das Image des Friseursalons dar* (1 Punkt).

   b) Es gibt verschiedene Gestaltungsformen für die Schaufensterdekoration:

   Themenfenster,
   Übersichtsfenster,
   Ein-Artikel-Fenster,
   Stapelfenster,
   Markenfenster.

   Wählen Sie eine dieser Gestaltungsformen aus und beschreiben Sie diese. (2 Punkte)

   z. B. Themenfenster: Hier wird eine Warenpräsentation zu einem bestimmten Anlass,

   z. B. Valentinstag, Weihnachten usw. ausgeführt.

   z. B. Im Übersichtsfenster kann die Kundin einen Überblick über das gesamte

   Sortiment bekommen.

   z. B. Das Ein-Artikel-Fenster präsentiert nur ein Produkt, das z. B. neu ist oder besonders

   hochwertig ist.

   z. B. Im Stapelfenster wird preisgünstige Ware mit großer Auswahl präsentiert.

   z. B. Im Markenfenster werden nur aktuelle, hochwertige Produkte einer Marke gezeigt.

5. Für ihren neuen Salon plant die Friseurin die Anschaffung eines Kaffeevollautomaten. Der Automat hat eine Leistungsaufnahme von 1.450 W und ist 8 Stunden täglich in Betrieb. Der Preis für eine Kilowattstunde beträgt 27,5 Cent. Berechnen Sie den Energieverbrauch und die Kosten pro Tag in Euro. (4 Punkte)

6. Umweltschonendes Arbeiten sollte ein Anliegen für alle Friseure sein.

   a) Entscheiden Sie, welche der Aussagen zum Umweltschutz zutreffen bzw. nicht zutreffen. (4 Punkte)

Aussage	Trifft zu	Trifft nicht zu
Durch Energiesparmaßnahmen wird der Schadstoffausstoß verringert.	☐	☐
Durch Energieeinsparung werden die Kosten für den Betrieb geringer.	☐	☐
Das Ozonloch kann durch Energieeinsparung geschlossen werden.	☐	☐
Der „Grüne Punkt" und der „Blaue Engel" kennzeichnen umweltfreundliche Verpackungen.	☐	☐

   b) Zählen Sie je 2 Möglichkeiten zur Einsparung von Wasser und Energie auf. (4 Punkte)

   Wassersparmaßnahmen:

   Energiesparmaßnahmen:

Betriebsorganisation und Kundenmanagement · Lösungen

5. Für ihren neuen Salon plant die Friseurin die Anschaffung eines Kaffeevollautomaten. Der Automat hat eine Leistungsaufnahme von 1.450 W und ist 8 Stunden täglich in Betrieb. Der Preis für eine Kilowattstunde beträgt 27,5 Cent. Berechnen Sie den Energieverbrauch und die Kosten pro Tag in Euro. (4 Punkte)

1.450 W : 1.000	=	*1,45 kW*	(1 Punkt)
1,45 kW · 8 h	=	*11,6 kWh*	(1 Punkt)
11,6 kWh · 27,5 Cent	=	*319 Cent*	(1 Punkt)
319 Cent : 100	=	*3,19 Euro*	(1 Punkt)

6. Umweltschonendes Arbeiten sollte ein Anliegen für alle Friseure sein.

a) Entscheiden Sie, welche der Aussagen zum Umweltschutz zutreffen bzw. nicht zutreffen. (4 Punkte)

Aussage	Trifft zu	Trifft nicht zu
Durch Energiesparmaßnahmen wird der Schadstoffausstoß verringert.	X	❏
Durch Energieeinsparung werden die Kosten für den Betrieb geringer.	X	❏
Das Ozonloch kann durch Energieeinsparung geschlossen werden.	❏	X
Der „Grüne Punkt" und der „Blaue Engel" kennzeichnen umweltfreundliche Verpackungen.	X	❏

b) Zählen Sie je 2 Möglichkeiten zur Einsparung von Wasser und Energie auf. (4 Punkte)

Wassersparmaßnahmen: *z. B. Waschmaschine voll beladen,*

z. B. Wasser nicht länger als nötig laufen lassen,

z. B. Ansatzhaarwäsche,

z. B. Sparperlatoren einsetzen

Energiesparmaßnahmen: *z. B. Energiesparhandtücher verwenden,*

z. B. Energiesparlampen einsetzen,

z. B. moderne Geräte verwenden,

z. B. nicht bei geöffnetem Fenster heizen,

z. B. Heizung nicht zustellen

7. In ihrem Salon möchte die Friseurin nach dem ökonomischen Prinzip arbeiten.

   a) Mit welchen 2 Prinzip-Arten kann sie arbeiten? (2 Punkte)

   b) Ordnen Sie den folgenden Beispielen die Prinzip-Arten zu. (3 Punkte)

Beispiel	Prinzip-Art
Ein Friseur benötigt eine neue Haarschneideschere. Er möchte eine ganz bestimmte Schere haben und informiert sich, wo er sie am günstigsten bekommt.	
Ein Salon hat sein Angebot verändert. Dies soll möglichst vielen Kunden bekannt gemacht werden. Dafür sind 1.200 € als Werbeetat geplant.	
Eine Kundin erhält eine oxidative Farbbehandlung. Die Friseurin empfiehlt ihr eine Kurbehandlung für eine längere Haltbarkeit der Farbe. Die Kundin lehnt wegen des Preises ab, kauft aber beim Besuch in einer Drogerie eine Haarkur.	

8. Eine Praktikantin sortiert im Kassenbereich Produkte ins Regal, als eine Neukundin den Salon betritt. Von ihrem Platz aus begrüßt die Praktikantin die Kundin und arbeitet weiter. Die Kundin bleibt unsicher im Raum stehen.

   a) Erläutern Sie den Eindruck, den die Praktikantin der Kundin vermittelt. (3 Punkte)

   b) Beschreiben Sie an 4 Punkten, wie die Praktikantin sich hätte richtig verhalten sollen. (4 Punkte)

Betriebsorganisation und Kundenmanagement · Lösungen

7. In ihrem Salon möchte die Friseurin nach dem ökonomischen Prinzip arbeiten.

   a) Mit welchen 2 Prinzip-Arten kann sie arbeiten? (2 Punkte)

   Maximalprinzip

   Minimalprinzip

   b) Ordnen Sie den folgenden Beispielen die Prinzip-Arten zu. (3 Punkte)

Beispiel	Prinzip-Art
Ein Friseur benötigt eine neue Haarschneideschere. Er möchte eine ganz bestimmte Schere haben und informiert sich, wo er sie am günstigsten bekommt.	*Minimalprinzip*
Ein Salon hat sein Angebot verändert. Dies soll möglichst vielen Kunden bekannt gemacht werden. Dafür sind 1.200 € als Werbeetat geplant.	*Maximalprinzip*
Eine Kundin erhält eine oxidative Farbbehandlung. Die Friseurin empfiehlt ihr eine Kurbehandlung für eine längere Haltbarkeit der Farbe. Die Kundin lehnt wegen des Preises ab, kauft aber beim Besuch in einer Drogerie eine Haarkur.	*Minimalprinzip*

8. Eine Praktikantin sortiert im Kassenbereich Produkte ins Regal, als eine Neukundin den Salon betritt. Von ihrem Platz aus begrüßt die Praktikantin die Kundin und arbeitet weiter. Die Kundin bleibt unsicher im Raum stehen.

   a) Erläutern Sie den Eindruck, den die Praktikantin der Kundin vermittelt. (3 Punkte)

   z. B. Die Kundin hat das Gefühl, nicht willkommen zu sein (1 Punkt).

   z. B. Sie fühlt sich verunsichert und unerwünscht (1 Punkt).

   z. B. Die Praktikantin vermittelt den Eindruck, dass die Kundin nicht wichtig ist (1 Punkt).

   z. B. Sie zeigt kein Interesse an der Kundin und möchte durch sie auch nicht

   in ihrer Arbeit gestört oder unterbrochen werden (1 Punkt).

   b) Beschreiben Sie an 4 Punkten, wie die Praktikantin sich hätte richtig verhalten sollen. (4 Punkte)

   z. B. Die Praktikantin sollte ihre Tätigkeit einstellen und auf die Kundin zugehen.

   z. B. Sie soll die Kundin freundlich begrüßen (ggf. mit Händedruck) und nach ihrem

   Namen fragen bzw. im Terminbuch nachschauen.

   z. B. Sie soll die Kundin nach dem Grund ihres Besuches bzw. Wünsche fragen.

   z. B. Sie soll der Kundin die Jacke abnehmen und zur Garderobe bringen.

   z. B. Sie soll die Kundin zum Bedienungsplatz oder Wartebereich begleiten.

   z. B. Sie soll der Kundin Zeitschriften, Frisurenbücher oder Getränke anbieten.

   z. B. Sie soll die Chefin oder Mitarbeiterin informieren.

9. Die Salonbesitzerin möchte auch Friseurprodukte verkaufen.

   a) Formulieren Sie einen Satz, um ein Verkaufsgespräch zu beginnen. (2 Punkte)

   b) Durch körperliche und sprachliche Signale können Sie die Kaufbereitschaft einer Kundin erkennen.
      Nennen Sie je 2 Beispiele, woran Sie diese Kaufbereitschaft erkennen. (4 Punkte)

   Körperliche Signale:

   Sprachliche Signale:

10. Die Praktikantin hört der Mitarbeiterin bei einem ausführlichen Beratungsgespräch zu. Später erläutert die Mitarbeiterin ihr Verhalten und spricht dabei vom „Aktiven Zuhören".

    a) Kreuzen Sie an, welche Aussagen zum „Aktiven Zuhören" richtig bzw. falsch sind. (5 Punkte)

	richtig	falsch
Eine offene und dem Kunden zugewandte Körperhaltung	☐	☐
Sätze und Aussagen des Kunden sofort im Gespräch vervollständigen.	☐	☐
Wiederholung und Zusammenfassung von Informationen wie gewünschte Haarlänge oder Haarfarbe	☐	☐
Nur den Kunden reden lassen und dabei den Bedienplatz säubern.	☐	☐
Auf mimische Zeichen des Kunden achten, z. B. Augenbrauen zusammenziehen.	☐	☐

BETRIEBSORGANISATION UND KUNDENMANAGEMENT · LÖSUNGEN

9. Die Salonbesitzerin möchte auch Friseurprodukte verkaufen.

   a) Formulieren Sie einen Satz, um ein Verkaufsgespräch zu beginnen. (2 Punkte)

   z. B. „Welche Reinigungs- und Pflegeprodukte verwenden Sie zu Hause?"

   z. B. „Ich nehme zur Reinigung Ihrer Haare ein Shampoo, das die Haaroberfläche

   glättet und die Struktur verbessert."

   b) Durch körperliche und sprachliche Signale können Sie die Kaufbereitschaft einer Kundin erkennen.
   Nennen Sie je 2 Beispiele, woran Sie diese Kaufbereitschaft erkennen. (4 Punkte)

   Körperliche Signale: *z. B. Die Kundin wirkt entspannt und lächelt.*

   z. B. Die Kundin hat nicht die Arme vor der Brust verschränkt.

   z. B. Die Pupillen der Kundin werden größer.

   Sprachliche Signale: *z. B. Die Kundin fragt nach Einzelheiten des Produktes.*

   z. B. Sie wägt die Vorteile des Produktes ab.

   z. B. Sie fragt nach Produkten, die sie zusätzlich verwenden kann.

10. Die Praktikantin hört der Mitarbeiterin bei einem ausführlichen Beratungsgespräch zu. Später erläutert die Mitarbeiterin ihr Verhalten und spricht dabei vom „Aktiven Zuhören".

    a) Kreuzen Sie an, welche Aussagen zum „Aktiven Zuhören" richtig bzw. falsch sind. (5 Punkte)

	richtig	falsch
Eine offene und dem Kunden zugewandte Körperhaltung	*X*	❏
Sätze und Aussagen des Kunden sofort im Gespräch vervollständigen.	❏	*X*
Wiederholung und Zusammenfassung von Informationen wie gewünschte Haarlänge oder Haarfarbe	*X*	❏
Nur den Kunden reden lassen und dabei den Bedienplatz säubern.	❏	*X*
Auf mimische Zeichen des Kunden achten, z. B. Augenbrauen zusammenziehen.	*X*	❏

b) Begründen Sie die Notwendigkeit des „Aktiven Zuhörens" im Beratungsgespräch. (3 Punkte)

11. Viele Stammkunden der Friseurin sind mit ihr in den neuen Salon gewechselt. Außerdem wünscht sich die Friseurin auch zahlreiche Neukunden.

    a) Geben Sie 2 Gründe an, warum Stammkunden bei einer Friseurin bleiben. (2 Punkte)

    b) Kinder sind der Friseurin als Kunden ebenso wichtig. Nennen Sie 3 Möglichkeiten, um Kinder besonders anzusprechen. (3 Punkte)

BETRIEBSORGANISATION UND KUNDENMANAGEMENT · LÖSUNGEN

b) Begründen Sie die Notwendigkeit des „Aktiven Zuhörens" im Beratungsgespräch. (3 Punkte)

z. B. Durch Aktives Zuhören erfährt der Friseur, was der Kunde wirklich möchte (1 Punkt).

Der Kunde fühlt sich dadurch ernst genommen und verstanden (1 Punkt).

z. B. Aktives Zuhören bietet dem Kunden Sicherheit und stärkt das Vertrauen zum Friseur (1 Punkt).

Zudem bietet es die Möglichkeit, Missverständnisse zu vermeiden (1 Punkt).

11. Viele Stammkunden der Friseurin sind mit ihr in den neuen Salon gewechselt. Außerdem wünscht sich die Friseurin auch zahlreiche Neukunden.

    a) Geben Sie 2 Gründe an, warum Stammkunden bei einer Friseurin bleiben. (2 Punkte)

    z. B. hohes Vertrauensverhältnis

    z. B. Friseurin kennt die Wünsche und Vorlieben des Kunden.

    z. B. Kunden wissen, dass ihre Wünsche und Vorstellungen umgesetzt werden.

    z. B. fachlich gute Betreuung

    b) Kinder sind der Friseurin als Kunden ebenso wichtig. Nennen Sie 3 Möglichkeiten, um Kinder besonders anzusprechen. (3 Punkte)

    z. B. kindergerechte Sitze (in Form eines Rennautos)

    z. B. Spiel- und Malecke im Wartebereich

    z. B. besonders zügiges Arbeiten

    z. B. auch die Wünsche der Kinder aufnehmen und darauf eingehen

    z. B. kleine Belohnungen wie Süßigkeiten zum Abschluss

12. Der Haut- und Gesundheitsschutz hat für den Friseur einen sehr hohen Stellenwert.

a) Führen Sie 3 Arten von Handschuhen für die Arbeit im Salon auf. (3 Punkte)

b) Zählen Sie 3 Kriterien auf, denen jeder Schutzhandschuh gerecht werden muss. (3 Punkte)

c) Zum Gesundheitsschutz gehört auch die Vermeidung von ansteckenden Krankheiten. Wie bezeichnet man die Zeitspanne zwischen der Aufnahme von Krankheitserregern und dem Ausbruch der Krankheit? (1 Punkt)

d) Ordnen Sie die Übertragungswege den Beispielen zu. (5 Punkte)

Beispiele	Buchstabe	Übertragungsweg
Übertragung durch infizierte Handtücher	_____	**A** Kontaktinfektion
Übertragung durch Niesen oder Husten	_____	**B** Tröpfcheninfektion
Übertragung durch Haustiere	_____	**C** Selbstinfektion
Übertragung durch Aufkratzen einer körpereigenen Wunde	_____	**D** indirekte Infektion
Übertragung durch Hände schütteln	_____	

Betriebsorganisation und Kundenmanagement · Lösungen

12. Der Haut- und Gesundheitsschutz hat für den Friseur einen sehr hohen Stellenwert.

a) Führen Sie 3 Arten von Handschuhen für die Arbeit im Salon auf. (3 Punkte)

Einmalhandschuhe

Waschhandschuhe

Haushaltshandschuhe

b) Zählen Sie 3 Kriterien auf, denen jeder Schutzhandschuh gerecht werden muss. (3 Punkte)

z. B. Sie müssen passen.

z. B. Sie müssen unbeschädigt sein (keine Risse und Löcher).

z. B. Sie müssen undurchlässig für Chemikalien und Flüssigkeiten sein.

z. B. Sie müssen elastisch sein und die Bewegungsfähigkeit nicht einschränken.

z. B. Verwendetes Material sollte keine Allergien auslösen.

c) Zum Gesundheitsschutz gehört auch die Vermeidung von ansteckenden Krankheiten. Wie bezeichnet man die Zeitspanne zwischen der Aufnahme von Krankheitserregern und dem Ausbruch der Krankheit? (1 Punkt)

Inkubationszeit

d) Ordnen Sie die Übertragungswege den Beispielen zu. (5 Punkte)

Beispiele	Buchstabe		Übertragungsweg
Übertragung durch infizierte Handtücher	*D*	A	Kontaktinfektion
Übertragung durch Niesen oder Husten	*B*	B	Tröpfcheninfektion
Übertragung durch Haustiere	*D*	C	Selbstinfektion
Übertragung durch Aufkratzen einer körpereigenen Wunde	*C*	D	indirekte Infektion
Übertragung durch Hände schütteln	*A*		

13. Die Friseurmeisterin möchte ein neues Shampoo in ihr Sortiment aufnehmen.
    Dazu werden 25 Flaschen bestellt. Der Bezugspreis beträgt 158,25 €.
    Die Handlungskosten belaufen sich auf 27,5 %, der Gewinn beträgt 33 %.
    Kalkulieren Sie nach den Angaben den Bruttoverkaufspreis für
    a) alle Flaschen und
    b) eine einzelne Flasche.
    Geben Sie das Kalkulationsschema und die Nebenrechnungen an. (11 Punkte)

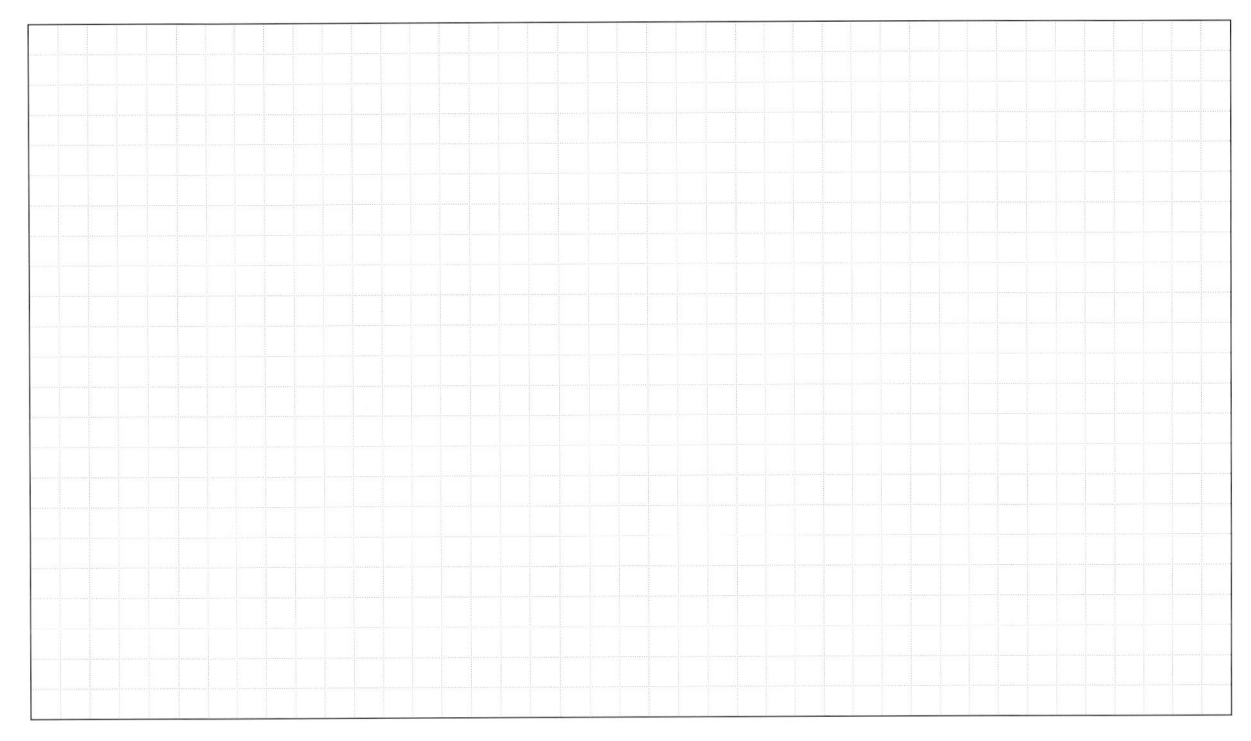

14. Um ihre Ware sachgerecht zu lagern, gibt es für die Friseurmeisterin wichtige Hinweise. Geben Sie jeweils eine Maßnahme zum Schutz der Ware an. (3 Punkte)

Schutz der Ware vor …	Maßnahmen
Staub und Verschmutzung	
Hitze	
Überlagerung	

BETRIEBSORGANISATION UND KUNDENMANAGEMENT · LÖSUNGEN

13. Die Friseurmeisterin möchte ein neues Shampoo in ihr Sortiment aufnehmen.
Dazu werden 25 Flaschen bestellt. Der Bezugspreis beträgt 158,25 €.
Die Handlungskosten belaufen sich auf 27,5 %, der Gewinn beträgt 33 %.
Kalkulieren Sie nach den Angaben den Bruttoverkaufspreis für
a) alle Flaschen und
b) eine einzelne Flasche.
Geben Sie das Kalkulationsschema und die Nebenrechnungen an. (11 Punkte)

a)

Bezugspreis			158,25 €
+ Handlungskosten	(158,25 € · 27,5 % : 100 %)	+	43,52 € (2 Punkte)
= Selbstkostenpreis		=	201,77 € (1 Punkt)
+ Gewinn	(201,77 € · 33 % : 100 %)	+	66,58 € (2 Punkte)
= Nettoverkaufspreis		=	268,35 € (1 Punkt)
+ Mehrwertsteuer	(268,35 € · 19 % : 100 %)	+	50,99 € (2 Punkte)
= Bruttoverkaufspreis		=	319,34 € (1 Punkt)

(Korrekturhinweis: 1 Punkt für das Schema, pro Nebenrechnung 1 Punkt)

b)

319,34 € : 25 = 12,77 € (1 Punkt)

Der Preis für 25 Flaschen Shampoo beträgt 319,34 €, für eine Flasche 12,77 €.

14. Um ihre Ware sachgerecht zu lagern, gibt es für die Friseurmeisterin wichtige Hinweise. Geben Sie jeweils eine Maßnahme zum Schutz der Ware an. (3 Punkte)

Schutz der Ware vor ...	Maßnahmen
Staub und Verschmutzung	*z. B. Ware regelmäßig überprüfen; z. B. Staub entfernen;*
	z. B. Ware falls nötig austauschen;
Hitze	*z. B. Ware nicht direkter Sonneneinstrahlung aussetzen;*
	z. B. nicht in der Nähe der Heizung aufstellen;
Überlagerung	*z. B. neu gelieferte Waren im Regal nach hinten räumen, ältere Ware nach vorne; z. B. verdorbene Ware entfernen;*
	z. B. veraltete Waren (Verpackungen) entfernen;

**15. Da die Friseurmeisterin einen kleinen Salon hat, ist das Warenlager auch klein.
Nennen Sie 2 Vorteile der kleinen Warenlagerhaltung.** (2 Punkte)

Vorteile: _____

_____

_____

**16. Für die Platzierung der Verkaufsware gibt es verschiedene Möglichkeiten.
Bestimmen Sie anhand der Beispiele die Art der Warenplatzierung.** (4 Punkte)

Beispiele	Warenplatzierung
Zusammenstellung der Waren nebeneinander nach ihrem Verwendungszweck	_____
Anordnung von Serien eines Herstellers als Einheit	_____
Anordnung von Artikeln einer Warengruppe, z. B. Shampoos, in einer Regalebene nebeneinander	_____
Präsentation von Waren einerseits im Regal, andererseits auf einem Warenträger an anderer Stelle des Salons, z. B. am Bedienplatz	_____

17. Für den richtigen Umgang mit Kunden weist die Friseurin die neue Auszubildende auf die verschiedenen Distanzzonen hin.

a) Neben der Intimdistanz unterscheidet man 3 weitere Distanzzonen.
Geben Sie diese sowie jeweils ein Beispiel an. (6 Punkte)

Distanzzone	Beispiel

b) Erläutern Sie die besondere Bedeutung der intimen Distanz für den Friseur. (3 Punkte)

_____

_____

_____

_____

_____

Betriebsorganisation und Kundenmanagement · Lösungen

15. Da die Friseurmeisterin einen kleinen Salon hat, ist das Warenlager auch klein.
Nennen Sie 2 Vorteile der kleinen Warenlagerhaltung. (2 Punkte)

Vorteile: *z. B. niedrige Lagerkosten; z. B. geringe Kapitalbindung; z. B. geringe Gefahr*

des Verderbens; z. B. gute Anpassung an die neuen Trends

16. Für die Platzierung der Verkaufsware gibt es verschiedene Möglichkeiten.
Bestimmen Sie anhand der Beispiele die Art der Warenplatzierung. (4 Punkte)

Beispiele	Warenplatzierung
Zusammenstellung der Waren nebeneinander nach ihrem Verwendungszweck	*Verbundplatzierung*
Anordnung von Serien eines Herstellers als Einheit	*Blockplatzierung*
Anordnung von Artikeln einer Warengruppe, z. B. Shampoos, in einer Regalebene nebeneinander	*Warengruppenplatzierung*
Präsentation von Waren einerseits im Regal, andererseits auf einem Warenträger an anderer Stelle des Salons, z. B. am Bedienplatz	*Zweitplatzierung/ Mehrfachplatzierung*

17. Für den richtigen Umgang mit Kunden weist die Friseurin die neue Auszubildende auf die verschiedenen Distanzzonen hin.

a) Neben der Intimdistanz unterscheidet man 3 weitere Distanzzonen.
Geben Sie diese sowie jeweils ein Beispiel an. (6 Punkte)

Distanzzone	Beispiel
persönliche Distanz	*z. B. Beratungsgespräch, z. B. Begrüßung mit Händedruck*
gesellschaftliche Distanz	*z. B. nebeneinander sitzende Kunden, z. B. Kunde im Kassenbereich*
öffentliche Distanz	*z. B. Begrüßung eines Kunden vom Bedienplatz aus, z. B. Wahrnehmung einer Person im Salon*

b) Erläutern Sie die besondere Bedeutung der intimen Distanz für den Friseur. (3 Punkte)

z. B. Eine Person in der intimen Distanz zu akzeptieren, erfordert Vertrauen (1 Punkt).

Da der Friseur bei den meisten Friseurdienstleistungen in direkten Körperkontakt

zum Kunden kommt (1 Punkt)*, muss er in diesen nahesten Distanzbereich. Damit dabei*

bei dem Kunden kein Gefühl von Unbehagen entsteht (1 Punkt)*, muss der Friseur viel*

Fingerspitzengefühl haben (1 Punkt)*, damit der Kunde Vertrauen zum Friseur aufbauen*

kann (1 Punkt).

FRISEURTECHNIKEN · AUFGABEN

1. Laut Terminbuch hat Ihre Kundin einen Beratungstermin, weil sie zu einer Hochzeit eingeladen ist. Nach eigenen Angaben legt sie großen Wert auf eine nachhaltige, mit der Natur verträgliche Lebensweise. Sie trägt schulterlanges, glattes Haar.

   a) Die Kundin hat ein schmales, langes Gesicht und möchte einen Haarschnitt, der ihr Gesicht etwas voller wirken lässt. Machen Sie der Kundin einen passenden Vorschlag für einen Haarschnitt und begründen Sie diesen. (4 Punkte)

   _____
   _____
   _____
   _____
   _____
   _____

   b) Zeichnen Sie Ihren Frisurenvorschlag in die Skizze: (2 Punkte)

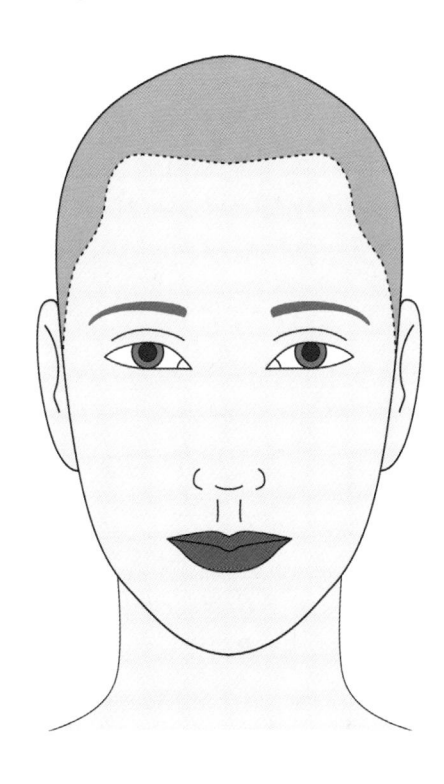

   c) Die Hochzeit ist an einem Sonntag.
      Erklären Sie Ihrer Kundin, wie sie die neue Frisur zu Hause selbst erstellen kann.
      Nennen Sie dazu die benötigten Hilfsmittel und Präparate. (3 Punkte)

   _____
   _____
   _____
   _____
   _____

Prüfung 3

FRISEURTECHNIKEN · LÖSUNGEN

1. Laut Terminbuch hat Ihre Kundin einen Beratungstermin, weil sie zu einer Hochzeit eingeladen ist. Nach eigenen Angaben legt sie großen Wert auf eine nachhaltige, mit der Natur verträgliche Lebensweise. Sie trägt schulterlanges, glattes Haar.

   a) Die Kundin hat ein schmales, langes Gesicht und möchte einen Haarschnitt, der ihr Gesicht etwas voller wirken lässt. Machen Sie der Kundin einen passenden Vorschlag für einen Haarschnitt und begründen Sie diesen. (4 Punkte)

   z. B. Einen Stufenschnitt (1 Punkt), *weil Volumen an den Seiten das Gesicht*

   verbreitert (1 Punkt).

   Der Pony (1 Punkt) *verkürzt das Gesicht* (1 Punkt).

   z. B. Ein ca. kinnlanger Pagenkopf/Bob (1 Punkt) *verkürzt das Gesicht* (1 Punkt).

   Stufige Seitenpartien (1 Punkt) *verbreitern das Gesicht* (1 Punkt).

   b) Zeichnen Sie Ihren Frisurenvorschlag in die Skizze: (2 Punkte)

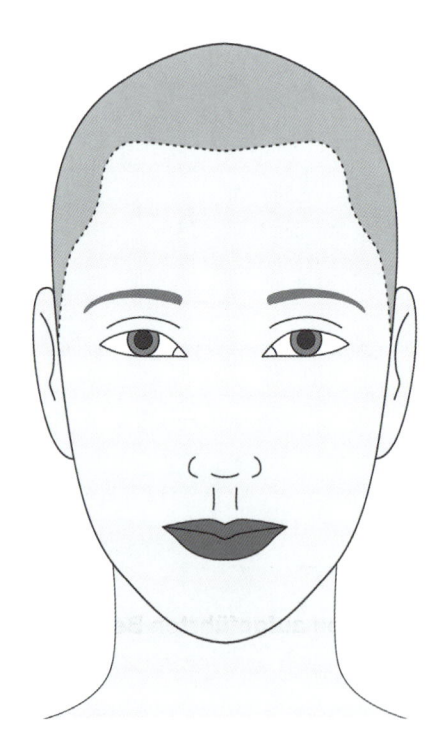

   Individuelle Lösung

   c) Die Hochzeit ist an einem Sonntag.
   Erklären Sie Ihrer Kundin, wie sie die neue Frisur zu Hause selbst erstellen kann.
   Nennen Sie dazu die benötigten Hilfsmittel und Präparate. (3 Punkte)

   Stylingprodukte wie z. B. Föhnschaum verwenden (1 Punkt);

   z. B. mit einer Rundbürste volumig föhnen (1 Punkt);

   z. B. über Kopf föhnen, um Volumen zu erhalten (1 Punkt);

   z. B. im stumpfen Winkel föhnen, um Volumen zu erhalten (1 Punkt);

   Finishprodukte wie z. B. Haarspray verwenden (1 Punkt).

d) Ihre Kundin möchte etwas gegen ihre grauen Haare tun. Die Farbansprache ergibt Hellbraun mit einem Weißanteil von 10 %.
Machen Sie der Kundin einen Vorschlag für eine Farbbehandlung mit vorwiegend natürlichen Bestandteilen. (1 Punkt)

e) Nennen Sie jeweils 3 Vor- und Nachteile Ihres gewählten Behandlungsvorschlages. (6 Punkte)

Vorteile	Nachteile

f) Nennen Sie 2 pflanzliche Farbstoffe. (2 Punkte)

g) Ihre Kundin möchte wissen, ob es mit dieser Methode auch möglich ist, ihren Farbton 1 bis 2 Töne heller zu färben. Erklären Sie. (3 Punkte)

h) Bestimmen Sie, ob es sich bei den aufgeführten Beispielen um physikalische oder chemische Färbemittel handelt. (7 Punkte)

	Physikalisch	Chemisch
Wimpern- und Augenbrauenfarben	❏	❏
Farbfestiger	❏	❏
Pflanzenhaarfarbe	❏	❏
Färbung	❏	❏
Tonspülung	❏	❏
Aufhellender Festiger	❏	❏
Intensivtönung	❏	❏

Friseurtechniken · Lösungen

d) Ihre Kundin möchte etwas gegen ihre grauen Haare tun. Die Farbansprache ergibt Hellbraun mit einem Weißanteil von 10 %.
Machen Sie der Kundin einen Vorschlag für eine Farbbehandlung mit vorwiegend natürlichen Bestandteilen. (1 Punkt)

z. B. Pflanzenfarbe, Pflanzentönung

e) Nennen Sie jeweils 3 Vor- und Nachteile Ihres gewählten Behandlungsvorschlages. (6 Punkte)

Vorteile	Nachteile
z. B. kein Oxidationsmittel/-vorgang (1 Punkt) *z. B. kein Alkalisierungsmittel* (1 Punkt)	*z. B. keine 100 %ige Weißabdeckung* (1 Punkt) *z. B. Zielfarbe nur ungenau bestimmbar* (1 Punkt)
z. B. pflanzliche Inhaltsstoffe (1 Punkt) *z. B. direktziehende Farbstoffe* (1 Punkt)	*z. B. geringe Farbauswahl* (1 Punkt) *z. B. kein reduktiver Farbabzug möglich* (1 Punkt)
z. B. haarschonend/pflegend (1 Punkt) *z. B. Glanz* (1 Punkt)	*z. B. mittlere Haltbarkeit* (1 Punkt) *z. B. keine Aufhellungsmöglichkeit* (1 Punkt)

f) Nennen Sie 2 pflanzliche Farbstoffe. (2 Punkte)

z. B. Henna, Indigo, Walnuss, Kamille, Salbei, Kaffee

g) Ihre Kundin möchte wissen, ob es mit dieser Methode auch möglich ist, ihren Farbton 1 bis 2 Töne heller zu färben. Erklären Sie. (3 Punkte)

z. B. Mit Pflanzenfarben/-tönungen ist keine Aufhellung möglich (1 Punkt),

weil ohne H_2O_2/Oxidationsmittel (1 Punkt) *die Naturpigmente nicht aufgehellt*

werden können (1 Punkt).

h) Bestimmen Sie, ob es sich bei den aufgeführten Beispielen um physikalische oder chemische Färbemittel handelt. (7 Punkte)

	Physikalisch	Chemisch
Wimpern- und Augenbrauenfarben	❏	*X*
Farbfestiger	*X*	❏
Pflanzenhaarfarbe	*X*	❏
Färbung	❏	*X*
Tonspülung	*X*	❏
Aufhellender Festiger	❏	*X*
Intensivtönung	❏	*X*

Prüfung 3

2. Ihre nächste Kundin wünscht ein Tages-Make-up.
   Sie hat blaue Augen, Sommersprossen, einen warmen Hautton und keine Hautunreinheiten.
   Ihr mittelblondes Haar hat einen Goldschimmer.

   a) Benennen Sie den Farbtyp. (1 Punkt)

   b) Empfehlen Sie eine passende Foundation und begründen Sie Ihre Entscheidung. (3 Punkte)

   c) Bestimmen Sie 3 Gesichtsmerkmale dieser Kundin. (3 Punkte)

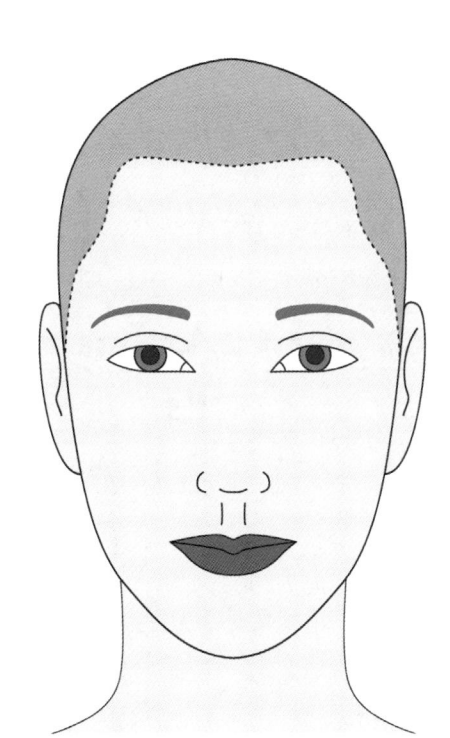

   d) Zeichnen Sie ein ausgleichendes Augen-Make-up ein. (2 Punkte)

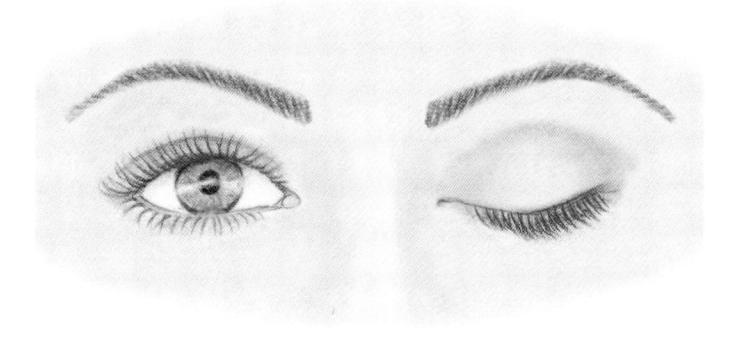

FRISEURTECHNIKEN · LÖSUNGEN

2. Ihre nächste Kundin wünscht ein Tages-Make-up.
   Sie hat blaue Augen, Sommersprossen, einen warmen Hautton und keine Hautunreinheiten.
   Ihr mittelblondes Haar hat einen Goldschimmer.

   a) Benennen Sie den Farbtyp. (1 Punkt)

   Farbschwacher, warmer Farbtyp (Frühlingstyp)

   b) Empfehlen Sie eine passende Foundation und begründen Sie Ihre Entscheidung. (3 Punkte)

   z. B. warmer Farbton; z. B. gelblich/goldener Farbton (1 Punkt)

   z. B. Es eignet sich eine getönte Tagescreme, da keine Hautunreinheiten

   vorhanden sind (2 Punkte).

   z. B. Man kann Flüssig-Make-up verwenden, da nicht viel abgedeckt

   werden muss (2 Punkte).

   c) Bestimmen Sie 3 Gesichtsmerkmale dieser Kundin. (3 Punkte)

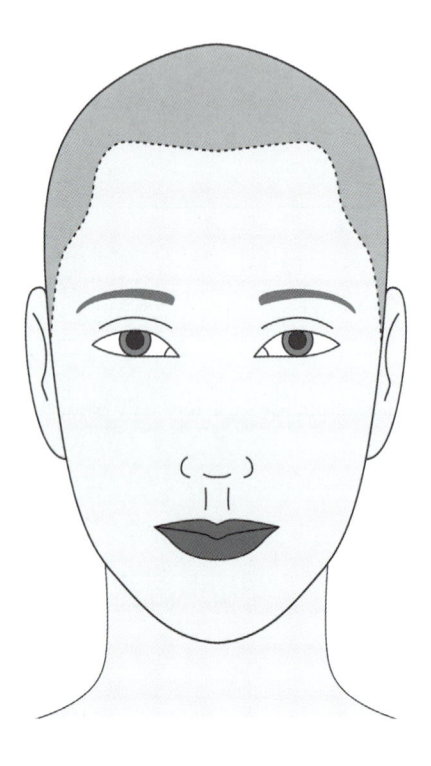

   z. B. Engstehende Augen (1 Punkt)

   z. B. schmale, ungleiche Oberlippe (1 Punkt)

   z. B. volle Unterlippe (1 Punkt)

   z. B. markanter Kieferbereich (1 Punkt)

   z. B. hohe Stirn (1 Punkt)

   d) Zeichnen Sie ein ausgleichendes Augen-Make-up ein. (2 Punkte)

   Lösung individuell

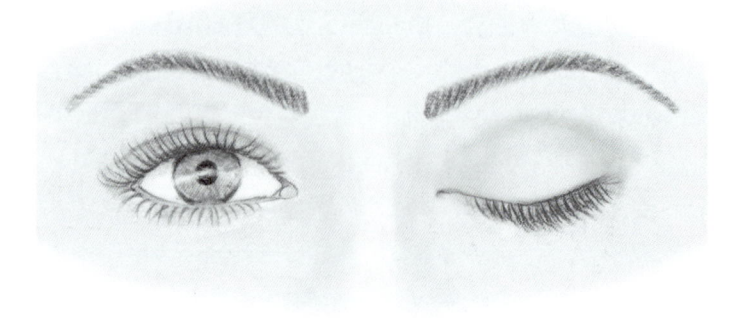

FRISEURTECHNIKEN · AUFGABEN

e) **Beschreiben und begründen Sie Ihren Vorschlag, den Sie in Aufgabe 2d gemacht haben.** (3 Punkte)

f) **Zeichnen Sie ein ausgleichendes Lippen-Make-up ein.** (2 Punkte)

g) **Beschreiben Sie Ihren Vorschlag.** (2 Punkte)

3. Sie sehen auf dem Bild die Hand einer Kundin.
   a) **Bestimmen Sie Hand- und Fingerform.** (2 Punkte)

FRISEURTECHNIKEN · LÖSUNGEN

e) **Beschreiben und begründen Sie Ihren Vorschlag, den Sie in Aufgabe 2d gemacht haben.** (3 Punkte)

z. B. Das Auge muss im äußeren Bereich dunkler schattiert werden, um die Augen optisch auseinander zu ziehen (1 Punkt).

z. B. Der Lidstrich darf nur außen gezogen werden, um die Augen nach außen zu betonen (1 Punkt).

z. B. Der innere Augenwinkel muss heller geschminkt werden, um die Augen optisch auseinander zu ziehen (1 Punkt).

f) **Zeichnen Sie ein ausgleichendes Lippen-Make-up ein.** (2 Punkte)

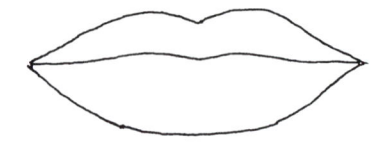

Lösung individuell

g) **Beschreiben Sie Ihren Vorschlag.** (2 Punkte)

z. B. Die Lippenkontur an der Oberlippe wird auf die äußere Konturenlinie/ plastische Lippenlinie gezeichnet (1 Punkt).

z. B. Die Unterlippe kann in der inneren Kontur gezeichnet werden (1 Punkt).

z. B. Die Oberlippe heller und die Unterlippe etwas dunkler gestalten (1 Punkt).

3. **Sie sehen auf dem Bild die Hand einer Kundin.**
   a) **Bestimmen Sie Hand- und Fingerform.** (2 Punkte)

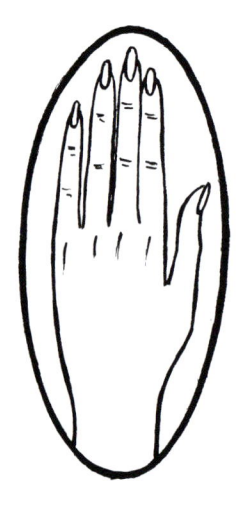

   Schmale Hand (1 Punkt)

   Lange Finger (1 Punkt)

FRISEURTECHNIKEN · AUFGABEN

b) Bestimmen Sie die Nagelform. (1 Punkt)

_____

c) Wie muss der Nagel geformt und Nagellack aufgetragen werden, um die natürliche Nagelform auszugleichen? Begründen Sie Ihre Entscheidung. (3 Punkte)

_____

_____

_____

_____

4. Eine junge Kundin hat bei Ihnen einen Termin zur Farbbehandlung.

a) Nennen Sie die beiden Naturpigmente und deren Farbe. (4 Punkte)

_____

_____

_____

_____

b) Bewerten Sie folgende Aussagen zur natürlichen Haarfarbe. Kreuzen Sie an. (7 Punkte)

	Richtig	Falsch
Die Pigmente des Haares sind Keratinkörper, die den Farbstoff Melanin bilden.	☐	☐
Es gibt viele unterschiedlich gefärbte, natürliche Pigmente, die die Haarfarbe bilden.	☐	☐
Die Melanozyten bilden das Melanin und geben es an die Zellen der Faserschicht weiter.	☐	☐
Die natürliche Haarfarbe, vorrangig die Farbtiefe, wird durch die Menge der dunklen Pigmente bestimmt.	☐	☐
Die natürliche Haarfarbe kann durch ungesunde Ernährung beeinflusst werden.	☐	☐
Der Anteil der gelblich-roten Pigmente bestimmt die Farbrichtung.	☐	☐
Die schwarz-blauen Pigmente sind für aschige Farbtöne verantwortlich.	☐	☐

Prüfung 3

FRISEURTECHNIKEN · LÖSUNGEN

b) Bestimmen Sie die Nagelform. (1 Punkt)

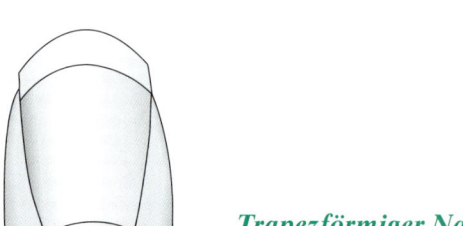

Trapezförmiger Nagel

c) Wie muss der Nagel geformt und Nagellack aufgetragen werden, um die natürliche Nagelform auszugleichen? Begründen Sie Ihre Entscheidung. (3 Punkte)

z. B. Abgerundete Form (1 Punkt)

z. B. Die Nagellänge darf nicht über die Fingerkuppe reichen (1 Punkt).

z. B. der Lack-Auftrag mit Decklack mit freien Seiten an den Stellen, wo der Nagel am breitesten ist (1 Punkt)*, um den Nagel zu verschmälern.*

4. Eine junge Kundin hat bei Ihnen einen Termin zur Farbbehandlung.

a) Nennen Sie die beiden Naturpigmente und deren Farbe. (4 Punkte)

Eumelanin (1 Punkt) *= dunkles Pigment mit grau-braunem Farbstoff* (1 Punkt)

Phäomelanin (1 Punkt) *= helles Pigment mit gelblich-rötlichem Farbstoff* (1 Punkt)

b) Bewerten Sie folgende Aussagen zur natürlichen Haarfarbe. Kreuzen Sie an. (7 Punkte)

	Richtig	Falsch
Die Pigmente des Haares sind Keratinkörper, die den Farbstoff Melanin bilden.	☐	*X*
Es gibt viele unterschiedlich gefärbte, natürliche Pigmente, die die Haarfarbe bilden.	☐	*X*
Die Melanozyten bilden das Melanin und geben es an die Zellen der Faserschicht weiter.	*X*	☐
Die natürliche Haarfarbe, vorrangig die Farbtiefe, wird durch die Menge der dunklen Pigmente bestimmt.	*X*	☐
Die natürliche Haarfarbe kann durch ungesunde Ernährung beeinflusst werden.	☐	*X*
Der Anteil der gelblich-roten Pigmente bestimmt die Farbrichtung.	*X*	☐
Die schwarz-blauen Pigmente sind für aschige Farbtöne verantwortlich.	☐	*X*

FRISEURTECHNIKEN · AUFGABEN

c) Sie empfehlen der Kundin eine Farbauffrischung mit Direktziehern.
Nennen Sie 3 geeignete Präparate. (3 Punkte)

_____
_____
_____

d) Ordnen Sie den Aussagen den jeweils fachlich richtigen Begriff zu. (4 Punkte)
Direktzieher, temporäre Haarfarben, rote Farbmoleküle, Tönungen

Aussage	Begriff
Sie können aufgrund ihrer Größe besser in den äußeren Bereich der Faserschicht eindringen.	
Sie enthalten direktziehende Farbstoffe, die in unterschiedliche Trägersubstanzen eingebettet sind.	
Sie haften aufgrund ihrer positiven Ladungen am Haarkeratin.	
Sie haften aufgrund ihrer Adhäsionskräfte.	

e) Sie behandeln die Haare Ihrer Kundin regelmäßig mit einem direktziehenden Tönungspräparat und stellen fest, dass das Farbergebnis immer intensiver wird. Nennen Sie den Fachbegriff für diese Farbüberlagerung und erklären Sie den Begriff. (3 Punkte)

_____
_____
_____
_____
_____

f) Die Intensivtönung ist eine häufig angewandte Art der Farbveränderung.
Ergänzen Sie den Lückentext. (4 Punkte)

Die Intensivtönung gehört aufgrund der Wirkungsweise zur _____

Sie enthält deshalb neben direktziehenden Farbstoffen auch _____

Um diese Farbstoffe entwickeln zu können, die dann in der _____

eingelagert werden, ist _____ notwendig.

Prüfung 3

135

FRISEURTECHNIKEN · LÖSUNGEN

c) Sie empfehlen der Kundin eine Farbauffrischung mit Direktziehern.
Nennen Sie 3 geeignete Präparate. (3 Punkte)

z. B. Tönungsfestiger (1 Punkt); *z. B. Tonspülung* (1 Punkt);

z. B. Cremetönung (1 Punkt); *z. B. Schaumtönung* (1 Punkt);

z. B. Tönungsgel (1 Punkt).

d) Ordnen Sie den Aussagen den jeweils fachlich richtigen Begriff zu. (4 Punkte)
Direktzieher, temporäre Haarfarben, rote Farbmoleküle, Tönungen

Aussage	Begriff
Sie können aufgrund ihrer Größe besser in den äußeren Bereich der Faserschicht eindringen.	*Rote Farbmoleküle*
Sie enthalten direktziehende Farbstoffe, die in unterschiedliche Trägersubstanzen eingebettet sind.	*Tönungen*
Sie haften aufgrund ihrer positiven Ladungen am Haarkeratin.	*Direktzieher*
Sie haften aufgrund ihrer Adhäsionskräfte.	*Temporäre Haarfarben*

e) Sie behandeln die Haare Ihrer Kundin regelmäßig mit einem direktziehenden Tönungspräparat und stellen fest, dass das Farbergebnis immer intensiver wird. Nennen Sie den Fachbegriff für diese Farbüberlagerung und erklären Sie den Begriff. (3 Punkte)

Subtraktive Farbmischung (1 Punkt)

z. B. Mischung von Körperfarben (1 Punkt)

z. B. Je mehr Körperfarben übereinanderliegen, umso dunkler ist das Ergebnis (1 Punkt).

z. B. Beim Mischen nimmt die Helligkeit ab = Subtraktion (1 Punkt).

f) Die Intensivtönung ist eine häufig angewandte Art der Farbveränderung.
Ergänzen Sie den Lückentext. (4 Punkte)

Die Intensivtönung gehört aufgrund der Wirkungsweise zur   *z. B. oxidativen Färbung;*

z. B. Oxidation.

Sie enthält deshalb neben direktziehenden Farbstoffen auch   *z. B. Farbbildner;*

z. B. Farbvorstufen

Um diese Farbstoffe entwickeln zu können, die dann in der   *z. B. Faserschicht;*

z. B. Cortex

eingelagert werden, ist   *z. B. Wasserstoffperoxid; z. B. aktiver Sauerstoff*   notwendig.

g) Die Intensivtönung benötigt eine Abschlussbehandlung. Nennen Sie ein Präparat und beschreiben Sie dessen Wirkung. (4 Punkte)

h) Der Salon rechnet bei der Farbbehandlung mit einem Minutenkostensatz von 0,59 €. Sie benötigen für diese Behandlung 40 Minuten. Berechnen Sie den Bruttobedienungspreis, wenn mit einem Gewinn von 25 % kalkuliert wird. (9 Punkte)

5. Ihre Kundin hat Probleme mit ihrer Haut.
   Bei der Hautbeurteilung stellen Sie fest, dass Ihre Kundin eine ölig-fettige Haut hat.

   a) Nennen Sie den Fachbegriff für diesen Hauttyp. (1 Punkt)

   b) Kreuzen Sie 5 Merkmale an, die bei diesem Hauttyp typisch sind. (5 Punkte)

Poren:	Kleine Poren	❑	Große Poren	❑
Hautglanz:	glänzend	❑	matt	❑
Hautveränderungen:	Mitesser	❑	Schüppchen	❑
	Milien	❑	Pusteln	❑
Talgproduktion:	stark	❑	gering	❑

FRISEURTECHNIKEN · LÖSUNGEN

g) Die Intensivtönung benötigt eine Abschlussbehandlung. Nennen Sie ein Präparat und beschreiben Sie dessen Wirkung. (4 Punkte)

z. B. saure Spülung (1 Punkt) *o. Ä.*

z. B. Sie schließt die Schuppenschicht und adstringiert das Haar (1 Punkt).

z. B. Sie neutralisiert die Alkalireste (1 Punkt).

z. B. Sie verhindert eine schleichende Oxidation (1 Punkt).

h) Der Salon rechnet bei der Farbbehandlung mit einem Minutenkostensatz von 0,59 €. Sie benötigen für diese Behandlung 40 Minuten. Berechnen Sie den Bruttobedienungspreis, wenn mit einem Gewinn von 25 % kalkuliert wird. (9 Punkte)

Selbstkosten	(40 Min. · 0,59 €/Min)	23,60 €	(2 Punkte)
+ Gewinn und Risiko	(23,60 € : 100 % · 25 %)	+ 5,90 €	(2 Punkte)
= Nettobedienungspreis		= 29,50 €	(1 Punkt)
+ Mehrwertsteuer	(29,50 € : 100 % · 19 %)	+ 5,61 €	(2 Punkte)
= Bruttobedienungspreis		= 35,11 €	(1 Punkt)

Korrekturhinweis: 1 Punkt für Kalkulationsschema, jeweils 1 Punkt für die Nebenrechnungen

5. Ihre Kundin hat Probleme mit ihrer Haut.
Bei der Hautbeurteilung stellen Sie fest, dass Ihre Kundin eine ölig-fettige Haut hat.

a) Nennen Sie den Fachbegriff für diesen Hauttyp. (1 Punkt)

Seborrhoe oleosa

b) Kreuzen Sie 5 Merkmale an, die bei diesem Hauttyp typisch sind. (5 Punkte)

Poren:	Kleine Poren	❑	Große Poren	*X*
Hautglanz:	glänzend	*X*	matt	❑
Hautveränderungen:	Mitesser	*X*	Schüppchen	❑
	Milien	❑	Pusteln	*X*
Talgproduktion:	stark	*X*	gering	❑

c) Eine Hautveränderung des fettigen Hauttyps sind Komedonen. Beschreiben Sie die beiden möglichen Erscheinungsformen. (4 Punkte)

d) Empfehlen Sie für diesen Hauttyp 4 passende Hautpflegepräparate. (2 Punkte)

c) Eine Hautveränderung des fettigen Hauttyps sind Komedonen. Beschreiben Sie die beiden möglichen Erscheinungsformen. (4 Punkte)

Offener Komedo: dunkel gefärbter Talgpfropfen (1 Punkt),

die Oberfläche ist offen (1 Punkt).

Geschlossener Komedo: weißes bis hellgelbes Knötchen (1 Punkt)

unter der geschlossenen Hautoberfläche (1 Punkt).

d) Empfehlen Sie für diesen Hauttyp 4 passende Hautpflegepräparate. (2 Punkte)

z. B. Gesichtswasser mit Alkoholanteil; z. B. Reinigungsgel; z. B. Peeling;

z. B. Mattierende Tagescreme; z. B. Maske/Packung mit Heilerde oder

Kräuterextrakten.

Korrekturhinweis: für jedes Pflegepräparat 0,5 Punkte

Erreichte Punkte

LÖSUNGSBOGEN
WIRTSCHAFTS- UND SOZIALKUNDE

Name, Vorname: _____ Platzziffer: _____

	a	b	c	d	Korr.	
1						1
2						2
3						3
4						4
5						5
6						6
7						7
8						8
9						9
10						10
11						11
12						12
13						13
14						14
15						15
16						16
17						17
18						18
19						19
20						20
21						21
22						22
23						23
24						24
25						25
	a	b	c	d	Korr.	

Prüfung 3

Ausbildung

1. **Die Ausbildung zur/zum Friseurgesellin/Friseurgesellen erfolgt im dualen Ausbildungssystem. Welche Aussage dazu ist richtig?**
   a) Der Betrieb hat die Entscheidungsgewalt in der Ausbildung, da der Lehrling die meiste Zeit im Ausbildungsbetrieb verbringt.
   b) Die überbetriebliche Lehrlingsunterweisung wird von der Innung/der Handwerkskammer durchgeführt.
   c) Die Säulen im dualen Ausbildungssystem sind zum einen der Ausbildungsbetrieb und zum anderen die Berufsschule, die die überbetrieblichen Lehrlingsunterweisungen durchführen.
   d) Die Berufsschule vermittelt ausschließlich fachliche Inhalte.

2. **Vollenden Sie den Satzanfang richtig: Das Berufsbildungsgesetz ...**
   a) regelt die Rechte und Pflichten von Auszubildenden und Betrieben.
   b) ist die Leitlinie für den schulischen Teil der Berufsausbildung.
   c) klärt die inhaltliche und zeitliche Gliederung der Ausbildung zum Friseur/zur Friseurin.
   d) erläutert die Beschäftigung und Ausbildung von Jugendlichen.

3. **Wie lang kann die Ausbildungsdauer minimal bis maximal im Friseurhandwerk sein?**
   a) 2,5 bis 3 Jahre
   b) 1 bis 3,5 Jahre
   c) 1,5 bis 4 Jahre
   d) 2 bis 3 Jahre

4. **Welcher Inhalt steht nicht in der Ausbildungsordnung?**
   a) Bezeichnung des Ausbildungsberufes
   b) Dauer der Berufsausbildung
   c) Vergütung während der Berufsausbildung
   d) Prüfungsanforderungen

5. **Eine 17-jährige Auszubildende muss auf Anordnung ihrer Chefin täglich 10 Stunden im Salon arbeiten. Welche Behörde wäre einzuschalten?**
   a) Gesundheitsamt
   b) Gewerbeaufsichtsamt
   c) Keine Behörde, da dies zulässig ist
   d) Bundesarbeitsministerium

6. **In welchem Fall ist die Berufsausbildung erfolgreich abgeschlossen?**
   a) Wenn die dreijährige Berufsschulpflicht ausreichend abgeschlossen wurde.
   b) Wenn ein Auszubildender dreimal an der Gesellenprüfung teilgenommen hat.
   c) Wenn die Gesellenprüfung nach dreimaliger Wiederholung mindestens ausreichend abgeschlossen wurde.
   d) Wenn die Gesellenprüfung im dritten Versuch mit mindestens ausreichend abgeschlossen wurde.

Organisation des Handwerks

7. **Die Handwerkskammern übernehmen wichtige Aufgaben. Welche Aufgabe gehört nicht dazu?**
   a) Die HWK bestimmt die Höhe der Ausbildungsvergütung.
   b) Die HWK führt das Verzeichnis der Ausbildungsverhältnisse (Lehrlingsrolle).
   c) Die HWK kontrolliert die Ausbildungsverträge.
   d) Die HWK überprüft, ob die vorgeschriebene Ausbildungszeit eingehalten wird.

8. **Vervollständigen Sie den folgenden Satz richtig. Mitglied einer Friseurinnung wird ...**
   a) jeder Inhaber eines Friseurbetriebes.
   b) jeder Meister im Friseurhandwerk.
   c) jeder Friseurbetrieb, der sich einer Innung anschließen möchte.
   d) jeder Geselle im Friseurhandwerk, der in einem Innungsbetrieb arbeitet.

9. **Innungen sind Körperschaften des öffentlichen Rechts. Welche Aufgabe haben sie?**
   a) Sie vertreten die Interessen ihrer Mitglieder.
   b) Sie übernehmen Zahlungen, wenn Kunden von Innungsmitgliedern Schadenersatz fordern.
   c) Sie ziehen für Innungsmitglieder bei säumigen Kunden Schulden ein.
   d) Sie legen örtlich die Ausbildungsvergütungen für die Auszubildenden fest.

10. Der Zusammenschluss aller Landesinnungsverbände der Friseure auf Bundesebene ist ...
   a) der Zentrale Handwerkskammertag.
   b) der Zentralverband des Deutschen Friseurhandwerks.
   c) die Zentrale Kreishandwerkerschaft.
   d) die Zentrale Verwaltung der Innungsvereine.

Arbeitswelt

11. Sie treten eine neue Arbeitsstelle an. Welche Unterlagen müssen Sie auf jeden Fall dort abgeben?
   a) Lohnsteuerkarte und Sozialversicherungsausweis
   b) Personalausweis und Gesellenbrief
   c) Abschlusszeugnis der Berufsschule und Gesellenbrief
   d) Geburtsurkunde und Versicherungsnachweis

12. Im Friseurberuf werden oft geringfügige Beschäftigungsverhältnisse ohne Steuer- und Sozialabgaben abgeschlossen. Wie heißen diese?
   a) Midi-Job
   b) Mini-Job
   c) überhälftige Teilzeitbeschäftigung
   d) unterhälftiges Zeitarbeitsverhältnis

13. Eine Friseurin will ausstehenden Lohn einklagen. Welches Gericht ist für diese Streitigkeiten zuständig?
   a) Verwaltungsgericht
   b) Sozialgericht
   c) Arbeitsgericht
   d) Amtsgericht

14. Sie erfahren, dass Ihr Lieferant für Scheren jetzt im Ausland produziert. Wie nennt man diese Entwicklung?
   a) Internationalisierung
   b) Institutionalisierung
   c) Globalisierung
   d) Generalisierung

15. Welcher Grund könnte dazu führen, dass ein Unternehmen im Ausland produziert?
   a) Im Ausland werden alle Sozialabgaben verpflichtend von den Arbeitnehmern eingefordert.
   b) Die Abgabe der Steuern und Löhne unterstützen das deutsche Bruttosozialprodukt.
   c) Die Transportkosten, um die Ware zurück nach Deutschland zu bringen, können steuerlich geltend gemacht werden und erhöhen so das Betriebseinkommen.
   d) Die Schutzbestimmungen für Arbeitskräfte und Umweltschutzmaßnahmen sind in manchen Ländern kaum vorhanden.

16. Angenommen die deutsche Wirtschaft befindet sich in einer Rezession. Ihr Betrieb hat immer weniger Kundschaft und Sie werden entlassen. Wie heißt diese Form der Arbeitslosigkeit?
   a) Strukturelle Arbeitslosigkeit
   b) Konjunkturelle Arbeitslosigkeit
   c) Saisonale Arbeitslosigkeit
   d) Friktionelle Arbeitslosigkeit

17. Wenn ein Wirtschaftssystem sich in einer Rezession befindet, bedeutet das ...
   a) Aufschwung.
   b) Talsohle.
   c) Abschwung.
   d) Hochkonjunktur.

18. Welche Maßnahme ist geeignet, ein Wirtschaftssystem so zu beleben, dass dem Einzelnen wieder mehr Geld zum Ausgeben zur Verfügung steht?
   a) Senkung der Steuern
   b) Verteuerung der Kredite
   c) Erhöhung der Steuern
   d) Aufwertung der Währung

19. Welches Merkmal trifft für die Expansion zu?
a) Die Preise fallen.
b) Die Arbeitslosenzahlen nehmen zu.
c) Die Unternehmen erhalten weniger Aufträge.
d) Lohnerhöhungen werden leichter möglich.

20. Wie nennt man die Entwicklung, wenn der Euro an Kaufkraft verliert?
a) Deflation
b) Progression
c) Inflation
d) Konjunktur

Soziale Sicherung

21. Welcher Zweig der Sozialversicherung wird vor allem in Zeiten einer wirtschaftlichen Rezession besonders stark in Anspruch genommen?
a) Arbeitslosenversicherung
b) Krankenversicherung
c) Unfallversicherung
d) Pflegeversicherung

22. Wonach richtet sich die Höhe des Beitrags zur gesetzlichen Krankenversicherung bei Versicherten?
a) Nach der Anzahl der Familienangehörigen
b) Nach dem Bruttoarbeitslohn
c) Nach der Krankheitshäufigkeit und dem Verdienst
d) Nach dem Verdienst und der Anzahl der Familienangehörigen

23. Einige Sozialversicherungen werden vom Arbeitgeber und Arbeitnehmer je zur Hälfte übernommen. Welche der aufgeführten Versicherungen zahlt ein Friseurbetrieb alleine?
a) Gesetzliche Rentenversicherung
b) Gesetzliche Unfallversicherung
c) Gesetzliche Krankenversicherung
d) Gesetzliche Arbeitslosenversicherung

24. Wer führt die Sozialversicherungsbeiträge für die beschäftigten Arbeitnehmer an die Träger der Sozialversicherungen ab?
a) Der Arbeitgeber
b) Der Arbeitnehmer
c) Der Arbeitnehmer und der Arbeitgeber
d) Das Finanzamt

25. Bei welcher Einrichtung ist der Arbeitnehmer gegen Unfallschäden, die auf dem direkten Weg zur Arbeit oder am Arbeitsplatz eintreten, versichert?
a) Krankenkasse
b) Landesversicherungsanstalt
c) Bundesagentur für Arbeit
d) Berufsgenossenschaft

Prüfung 3

Lösungsbogen
Wirtschafts- und Sozialkunde

Name, Vorname: *Lösung*   Platzziffer: _____

Prüfung 3

	a	b	c	d	Korr.	
1		X				1
2	X					2
3			X			3
4			X			4
5		X				5
6				X		6
7	X					7
8			X			8
9	X					9
10		X				10
11	X					11
12		X				12
13			X			13
14			X			14
15				X		15
16		X				16
17			X			17
18	X					18
19				X		19
20			X			20
21	X					21
22		X				22
23		X				23
24	X					24
25				X		25
	a	b	c	d	Korr.	

WIRTSCHAFTS- UND SOZIALKUNDE

Offene Aufgaben, 25 Punkte
Bearbeitungszeit: 30 Minuten

Lesen Sie die Fragen genau durch und beantworten Sie diese dann möglichst sachlich und stichwortartig.

Es wird nicht die sprachliche Leistung, sondern die Richtigkeit des Inhalts bewertet. Antworten Sie so ausführlich wie nötig, aber so kurz wie möglich.

Prüfung 3

Rechtsformen der Unternehmen

1. Sie gründen Ihren eigenen Friseursalon. Bei der Wahl einer Unternehmensform müssen Sie sich verschiedene Fragen stellen und Gesichtspunkte bedenken. Geben Sie 2 davon an. (2 Punkte)

2. a) Welches ist die häufigste Unternehmensform für Friseurbetriebe? (1 Punkt)

   b) Erklären Sie diese Unternehmensform (Aufgabe 2a.) anhand von 4 Merkmalen. (4 Punkte)

Kündigung

3. Arbeitsverhältnisse können auf verschiedene Weisen beendet werden. Um welche Art der Kündigung handelt es sich in den nachfolgenden Beispielen? (4 Punkte)

Beispiel	Art der Kündigung
a) Der Chef kündigt seinem Friseurgesellen, da dieser zum wiederholten Male in den letzten zwei Wochen zu spät zur Arbeit gekommen ist. Dieses Verhalten ist bereits abgemahnt worden.	
b) Eine Friseurin erhält zum wiederholten Male keinen Lohn. Sie kündigt mit sofortiger Wirkung.	
c) Ein Arbeitnehmer zieht um. Er kündigt und verlässt das Unternehmen in einem Monat.	
d) Der Salon verändert sich und der Geselle kann in seinem vorherigen Arbeitsfeld nicht mehr arbeiten. Der Chef bietet ihm an, nun an der Rezeption zu arbeiten.	

WIRTSCHAFTS- UND SOZIALKUNDE · LÖSUNGEN

Rechtsformen der Unternehmen

1. Sie gründen Ihren eigenen Friseursalon. Bei der Wahl einer Unternehmensform müssen Sie sich verschiedene Fragen stellen und Gesichtspunkte bedenken. Geben Sie 2 davon an. (2 Punkte)

   z. B. Geschäftsführung; z. B. Haftung;

   z. B. Kapitaleinlage; z. B. Gewinn-/Risikoverteilung

2. a) Welches ist die häufigste Unternehmensform für Friseurbetriebe? (1 Punkt)

   Einzelunternehmen

   b) Erklären Sie diese Unternehmensform (Aufgabe 2a.) anhand von 4 Merkmalen. (4 Punkte)

   z. B. werden vom Unternehmer allein geleitet

   z. B. kein Mindestkapital erforderlich

   z. B. alleinige Haftung mit Geschäfts- und Privatvermögen

   z. B. Gewinn steht Unternehmer allein zur Verfügung

Kündigung

3. Arbeitsverhältnisse können auf verschiedene Weisen beendet werden. Um welche Art der Kündigung handelt es sich in den nachfolgenden Beispielen? (4 Punkte)

Beispiel	Art der Kündigung
a) Der Chef kündigt seinem Friseurgesellen, da dieser zum wiederholten Male in den letzten zwei Wochen zu spät zur Arbeit gekommen ist. Dieses Verhalten ist bereits abgemahnt worden.	*Außerordentliche, fristlose Kündigung*
b) Eine Friseurin erhält zum wiederholten Male keinen Lohn. Sie kündigt mit sofortiger Wirkung.	*Außerordentliche, fristlose Kündigung*
c) Ein Arbeitnehmer zieht um. Er kündigt und verlässt das Unternehmen in einem Monat.	*Ordentliche Kündigung*
d) Der Salon verändert sich und der Geselle kann in seinem vorherigen Arbeitsfeld nicht mehr arbeiten. Der Chef bietet ihm an, nun an der Rezeption zu arbeiten.	*Änderungskündigung*

Prüfung 3

4. Die Saloninhaberin und ihre Gesellin stellen übereinstimmend fest, dass eine Zusammenarbeit nicht mehr möglich ist. Nach gemeinsamer Absprache kommt die Gesellin gleich am nächsten Tag nicht mehr in die Arbeit.

   a) Um welche Art der Beendigung des Arbeitsverhältnisses handelt es sich? (1 Punkt)

   b) Was passiert mit ihrem noch verbleibenden Urlaubsanspruch? (2 Punkte)

   c) Die Gesellin hat noch keine neue Arbeitsstelle. Sie geht zur Agentur für Arbeit und beantragt Arbeitslosengeld. Was passiert? Begründen Sie Ihre Antwort. (3 Punkte)

5. Arbeitsverhältnisse können sowohl vom Chef (Arbeitgeber) als auch vom Arbeitnehmer fristlos gekündigt werden. Allerdings müssen dazu wichtige Gründe vorliegen. Nennen Sie je 2 Beispiele. (4 Punkte)

Arbeitgeber kündigt	Arbeitnehmer kündigt

Urlaub

6. Die Auszubildende möchte ihren gesamten Jahresurlaub an einem Stück nehmen. Die Chefin stimmt dem nicht zu. Erläutern Sie 2 Gründe, aus denen die Chefin ihrer Auszubildenden diesen Wunsch verwehren kann? (4 Punkte)

WIRTSCHAFTS- UND SOZIALKUNDE · LÖSUNGEN

4. Die Saloninhaberin und ihre Gesellin stellen übereinstimmend fest, dass eine Zusammenarbeit nicht mehr möglich ist. Nach gemeinsamer Absprache kommt die Gesellin gleich am nächsten Tag nicht mehr in die Arbeit.

   a) Um welche Art der Beendigung des Arbeitsverhältnisses handelt es sich? (1 Punkt)

   Aufhebungsvertrag

   b) Was passiert mit ihrem noch verbleibenden Urlaubsanspruch? (2 Punkte)

   Der Urlaubsanspruch kann nicht mehr in Tagen abgegolten werden,

   er wird ausgezahlt.

   c) Die Gesellin hat noch keine neue Arbeitsstelle. Sie geht zur Agentur für Arbeit und beantragt Arbeitslosengeld. Was passiert? Begründen Sie Ihre Antwort. (3 Punkte)

   Es wird eine dreimonatige Sperre des Arbeitslosengeldes verhängt (1 Punkt),

   da der Arbeitnehmer der Beendigung des Arbeitsverhältnisses zugestimmt hat (2 Punkte).

5. Arbeitsverhältnisse können sowohl vom Chef (Arbeitgeber) als auch vom Arbeitnehmer fristlos gekündigt werden. Allerdings müssen dazu wichtige Gründe vorliegen.
   Nennen Sie je 2 Beispiele. (4 Punkte)

Arbeitgeber kündigt	Arbeitnehmer kündigt
z. B. andauernde Arbeitsverweigerung	*z. B. Vergütungsrückstand*
z. B. Diebstahl	*z. B. Verletzung der Fürsorgepflicht*
z. B. Verletzung der Treuepflicht	*z. B. Beleidigung*
z. B. Tätlichkeit	*z. B. Tätlichkeit*

Urlaub

6. Die Auszubildende möchte ihren gesamten Jahresurlaub an einem Stück nehmen.
   Die Chefin stimmt dem nicht zu. Erläutern Sie 2 Gründe, aus denen die Chefin ihrer Auszubildenden diesen Wunsch verwehren kann? (4 Punkte)

   Bei der zeitlichen Festlegung des Urlaubs sind die Urlaubswünsche des Arbeitnehmers

   zu berücksichtigen, es sei denn, betriebliche Belange (z. B. Saison) oder Urlaubswünsche

   anderer Mitarbeiter, die unter sozialen Gründen (z. B. schulpflichtige Kinder)

   den Vorrang verdienen, stehen dem entgegen.

Prüfung 4

Schriftliche Aufgabenstellungen zu
- **Betriebsorganisation und Kundenmanagement**
- **Friseurtechniken**
- **Wirtschafts- und Sozialkunde**

*Bei den vorgegebenen Lösungen handelt es sich um Lösungsvorschläge.
Deshalb sind auch andere Lösungen zu akzeptieren.*

Beantworten Sie die Fragen mit eigenen Worten auf den vorgegebenen Zeilen!
Bei Platzmangel benutzen Sie bitte eigene Blätter unter Angabe der Ziffer der Aufgabe!

BETRIEBSORGANISATION UND KUNDENMANAGEMENT · AUFGABEN

1. Sie arbeiten in einem Friseurbetrieb als Friseurin. Ihr Arbeitgeber möchte sein Salonkonzept überdenken und anpassen.

   a) Was versteht man unter einem Salonkonzept? (1 Punkt)

   _____

   _____

   b) Ihr Arbeitgeber will den Markt analysieren. Er nutzt dazu Maßnahmen der primären und sekundären Markforschung. Markieren Sie in der folgenden Auflistung, zu welchem Bereich die Maßnahmen zählen. (5 Punkte)

	Primäre Marktforschung	Sekundäre Marktforschung
Er befragt die Kunden während der Behandlung.	☐	☐
Er informiert sich bei Firmen über aktuelle Produkte.	☐	☐
Er besucht eine Frisurenmesse mit Meisterschaft.	☐	☐
Er lässt Kunden einen Fragebogen ausfüllen.	☐	☐
Er liest den aktuellen Branchenbericht.	☐	☐

2. Der Friseurbetrieb liegt in einer historischen Altstadt und dort in einem Bereich mit vielen Bars und Restaurants am Rande einer Fußgängerzone.

   a) Nennen Sie drei Kundengruppen, an die sich das neue Salonkonzept hauptsächlich wenden könnte. (3 Punkte)

   _____

   _____

   _____

   _____

   b) Ihr Arbeitgeber will die elegante, klassische Einrichtung des Betriebes beibehalten. Der Salon soll durch kostengünstige Änderungen eine modernere innere Optik erhalten. Unterbreiten Sie zwei Vorschläge. (2 Punkte)

   _____

   _____

   _____

Prüfung 4

BETRIEBSORGANISATION UND KUNDENMANAGEMENT · LÖSUNGEN

1. Sie arbeiten in einem Friseurbetrieb als Friseurin. Ihr Arbeitgeber möchte sein Salonkonzept überdenken und anpassen.

   a) Was versteht man unter einem Salonkonzept? (1 Punkt)

   z. B. Das ist die Grundidee, nach der ein Betrieb aufgebaut und gestaltet ist.

   b) Ihr Arbeitgeber will den Markt analysieren. Er nutzt dazu Maßnahmen der primären und sekundären Markforschung. Markieren Sie in der folgenden Auflistung, zu welchem Bereich die Maßnahmen zählen. (5 Punkte)

	Primäre Marktforschung	Sekundäre Marktforschung
Er befragt die Kunden während der Behandlung.	X	☐
Er informiert sich bei Firmen über aktuelle Produkte.	☐	X
Er besucht eine Frisurenmesse mit Meisterschaft.	☐	X
Er lässt Kunden einen Fragebogen ausfüllen.	X	☐
Er liest den aktuellen Branchenbericht.	☐	X

2. Der Friseurbetrieb liegt in einer historischen Altstadt und dort in einem Bereich mit vielen Bars und Restaurants am Rande einer Fußgängerzone.

   a) Nennen Sie drei Kundengruppen, an die sich das neue Salonkonzept hauptsächlich wenden könnte. (3 Punkte)

   z. B. Jugendliche, Schüler und Studenten, junge Erwachsene

   z. B. Beschäftigte der Geschäfte, Senioren, Touristen

   b) Ihr Arbeitgeber will die elegante, klassische Einrichtung des Betriebes beibehalten. Der Salon soll durch kostengünstige Änderungen eine modernere innere Optik erhalten. Unterbreiten Sie zwei Vorschläge. (2 Punkte)

   z. B. Die Wände können einen neuen farbigen Anstrich erhalten.

   z. B. Die Wände können künstlerisch gestaltet werden.

   z. B. Alte Dekoration kann gegen neue ausgetauscht werden; Lichtkonzept ändern.

3. Die Kundenumfrage ergab, dass die Kunden das bisherige Verkaufswarensortiment des Betriebes nicht kannten und deshalb keine Produkte kauften. Die Produkte sollen zukünftig besser präsentiert werden.

   a) In welchem Bereich des Salons soll das neue Verkaufsregal aufgestellt werden? Begründen Sie Ihren Vorschlag. (3 Punkte)

   b) Ihr Arbeitgeber nimmt eine exklusive hochpreisige Pflegeserie und eine mittelpreisige Pflegeserie in sein Sortiment auf. Markieren Sie in der folgenden Auflistung die vier sinnvollen Platzierungsvorschläge. (4 Punkte)
   - ❏ Ich stelle alle Shampoos in die Sichtzone.
   - ❏ Ich ordne die Präparate nach Größe und Farbe sortiert ins Regal ein.
   - ❏ Ich trenne die beiden Pflegeserien räumlich.
   - ❏ Ich stelle die exklusive hochpreisige Pflegeserie auf Augenhöhe.
   - ❏ Alle Präparate für fettige Kopfhaut kommen in die Bückzone.
   - ❏ Die mittelpreisige Pflegeserie kommt in die weniger guten Regalzonen.
   - ❏ Das Präparat mit der höchsten Gewinnspanne wird in der Mitte platziert.
   - ❏ Ich stelle alle günstigen Präparate nach unten und die teuren nach ganz oben.

   c) Notieren Sie für eine Teamsitzung zwei Regeln für die Mitarbeiter, um den Verkauf von Shampoos und Haarpflegepräparaten während der Kundenbehandlung zu steigern. (4 Punkte)

   d) Beschreiben Sie eine Möglichkeit, die Verkaufsumsätze durch Förderung der Fachkompetenz der Beschäftigten des Friseurbetriebes zu steigern. (2 Punkte)

Betriebsorganisation und Kundenmanagement · Lösungen

3. Die Kundenumfrage ergab, dass die Kunden das bisherige Verkaufswarensortiment des Betriebes nicht kannten und deshalb keine Produkte kauften. Die Produkte sollen zukünftig besser präsentiert werden.

   a) In welchem Bereich des Salons soll das neue Verkaufsregal aufgestellt werden? Begründen Sie Ihren Vorschlag. (3 Punkte)

   z. B. Es sollte im Kassenbereich stehen (1 Punkt).

   z. B. Alle Kunden kommen zum Bezahlen in diesen Bereich und können die Produkte betrachten (2 Punkte).

   b) Ihr Arbeitgeber nimmt eine exklusive hochpreisige Pflegeserie und eine mittelpreisige Pflegeserie in sein Sortiment auf. Markieren Sie in der folgenden Auflistung die vier sinnvollen Platzierungsvorschläge. (4 Punkte)

   - ❑ Ich stelle alle Shampoos in die Sichtzone.
   - ❑ Ich ordne die Präparate nach Größe und Farbe sortiert ins Regal ein.
   - X Ich trenne die beiden Pflegeserien räumlich.
   - X Ich stelle die exklusive hochpreisige Pflegeserie auf Augenhöhe.
   - ❑ Alle Präparate für fettige Kopfhaut kommen in die Bückzone.
   - X Die mittelpreisige Pflegeserie kommt in die weniger guten Regalzonen.
   - X Das Präparat mit der höchsten Gewinnspanne wird in der Mitte platziert.
   - ❑ Ich stelle alle günstigen Präparate nach unten und die teuren nach ganz oben.

   c) Notieren Sie für eine Teamsitzung zwei Regeln für die Mitarbeiter, um den Verkauf von Shampoos und Haarpflegepräparaten während der Kundenbehandlung zu steigern. (4 Punkte)

   z. B. Bei jedem Kunden wird eine ausführliche Haar- und Kopfhautbeurteilung durchgeführt. Das Ergebnis wird in der Kundenkartei notiert (2 Punkte).

   z. B. Der Kunde wird regelmäßig auf seine Pflegegewohnheiten angesprochen (2 Punkte).

   z. B. Bei der Haarwäsche wird das passende Spezialshampoo verwendet und der Nutzen und die Wirkung werden dem Kunden erläutert (2 Punkte).

   d) Beschreiben Sie eine Möglichkeit, die Verkaufsumsätze durch Förderung der Fachkompetenz der Beschäftigten des Friseurbetriebes zu steigern. (2 Punkte)

   z. B. Es wird eine saloninterne Mitarbeiterschulung angeboten (2 Punkte).

   z. B. Die Mitarbeiter erhalten Informationshefte zu den Präparaten (2 Punkte).

   z. B. Die Mitarbeiter werden auf eine Fortbildung der Herstellerfirma geschickt (2 Punkte).

e) Ihr Arbeitgeber plant zusätzlich, die äußere Optik des Salons zu verändern und auch dort mehr auf die Verkaufswaren hinzuweisen.
Nennen Sie zwei Möglichkeiten. (2 Punkte)

f) Die unverbindliche Preisempfehlung der Herstellerfirma beträgt für eine Flasche Shampoo 14,95 Euro. Kalkulieren Sie den Bruttoverkaufspreis für das Shampoo unter Angabe des Kalkulationsschemas. Der Bezugspreis beträgt 8,90 Euro. Es wird mit einem Handlungskostenzuschlag von 15 %, einem Zuschlag für Gewinn und Risiko in Höhe von 20 % und der gesetzlichen Mehrwertsteuer kalkuliert. Formulieren Sie in einem Antwortsatz, ob Sie die unverbindliche Preisempfehlung übernehmen können. (9 Punkte)

4. In dem Betrieb wird bisher ausschließlich über Terminvergabe gearbeitet.
   a) Erläutern Sie zwei Vorteile der Terminvergabe. (2 Punkte)

   b) Welche Nachteile entstehen, wenn der Betrieb ausschließlich über Terminvergabe arbeitet? (2 Punkte)

e) Ihr Arbeitgeber plant zusätzlich, die äußere Optik des Salons zu verändern und auch dort mehr auf die Verkaufswaren hinzuweisen.
Nennen Sie zwei Möglichkeiten. (2 Punkte)

z. B. Er kann im Außenbereich eine Warenpräsentation installieren, z. B. einen Aufsteller oder eine Schütte.

z. B. Er kann das Schaufenster des Betriebes neu dekorieren und die Verkaufswaren in den Mittelpunkt stellen/beleuchten.

f) Die unverbindliche Preisempfehlung der Herstellerfirma beträgt für eine Flasche Shampoo 14,95 Euro. Kalkulieren Sie den Bruttoverkaufspreis für das Shampoo unter Angabe des Kalkulationsschemas. Der Bezugspreis beträgt 8,90 Euro. Es wird mit einem Handlungskostenzuschlag von 15 %, einem Zuschlag für Gewinn und Risiko in Höhe von 20 % und der gesetzlichen Mehrwertsteuer kalkuliert. Formulieren Sie in einem Antwortsatz, ob Sie die unverbindliche Preisempfehlung übernehmen können. (9 Punkte)

Bezugspreis	*8,90 €*	
+ 15 % Handlungskosten (8,90 € : 100 % · 15 %)	*+ 1,34 €*	(1 Punkt)
= Selbstkosten	*= 10,24 €*	(1 Punkt)
+ 20 % Gewinn und Risiko (10,24 € : 100 % · 20 %)	*+ 2,05 €*	(1 Punkt)
= Nettoverkaufspreis	*= 12,29 €*	(1 Punkt)
+ 19 % Mehrwertsteuer (12,29 € : 100 % · 19 %)	*+ 2,34 €*	(1 Punkt)
		(1 Punkt für 19 %)
= Bruttoverkaufspreis	*= 14,63 €*	(1 Punkt)

(1 Punkt für das Kalkulationsschema)

Antwortsatz:
Die unverbindliche Preisempfehlung des Herstellers kann übernommen werden. (1 Punkt)

4. In dem Betrieb wird bisher ausschließlich über Terminvergabe gearbeitet.
   a) Erläutern Sie zwei Vorteile der Terminvergabe. (2 Punkte)

   z. B. Der Tagesablauf (Pausen, Arbeitszeit) der Mitarbeiter kann gut geplant werden.

   z. B. Die Wartezeiten für Kunden sind kürzer.

   b) Welche Nachteile entstehen, wenn der Betrieb ausschließlich über Terminvergabe arbeitet? (2 Punkte)

   z. B. Wenn ein Kunde absagt, entsteht leicht Leerlauf.

   z. B. Umsatzverlust, da Spontankunden nicht angenommen werden können.

   z. B. Kunden können den Friseur nicht spontan aufsuchen.

c) Der Saloninhaber möchte zukünftig auch Spontankunden in den Salon holen. Beschreiben Sie eine durchführbare Möglichkeit. (1 Punkt)

_____

_____

5. Der Betriebsinhaber will auch andere Elemente seines Marketing-Mixes verändern.

   a) Er plant, zusätzlich Produkte über das Internet zu verkaufen. Nennen und erläutern Sie das entsprechende Marketinginstrument. (2 Punkte)

   _____

   _____

   b) Zusätzlich will er noch Werbung, Verkaufsförderung und Öffentlichkeitsarbeit betreiben. Zu welchem Marketinginstrument gehören diese Bereiche? (1 Punkt)

   _____

   c) Ordnen Sie die folgenden Maßnahmen zu. Schreiben Sie dazu den entsprechenden Buchstaben auf die Zeile. (3 Punkte)

Bereich	Buchstabe		Maßnahme
Verkaufsförderung	_____	A	Er lässt Flyer in der Nachbarschaft verteilen.
Öffentlichkeitsarbeit	_____	B	Er spendet dem Kinderhort einen neue Rutsche.
Werbung	_____	C	Er verteilt an alle Kunden Warenproben.

6. Das Kassensystem des Salons bietet die Möglichkeit, alle Wareneingänge und Warenausgänge zu erfassen.

   a) Bei welcher Inventurart müssen alle Wareneingänge und -ausgänge sofort erfasst werden? (1 Punkt)

   _____

   b) Der Betriebsinhaber plant, eine körperliche Inventur durchzuführen. Was versteht man unter der körperlichen Inventur? (2 Punkte)

   _____

   _____

   _____

   _____

c) Der Saloninhaber möchte zukünftig auch Spontankunden in den Salon holen.
   Beschreiben Sie eine durchführbare Möglichkeit. (1 Punkt)

z. B. Er könnte einen Aufsteller mit der Aufschrift „Wir haben noch Termine für Sie frei!"

aufstellen, wenn ein Mitarbeiter Zeit hat.

5. Der Betriebsinhaber will auch andere Elemente seines Marketing-Mixes verändern.

   a) Er plant, zusätzlich Produkte über das Internet zu verkaufen. Nennen und erläutern Sie das entsprechende Marketinginstrument. (2 Punkte)

   Distributionspolitik (1 Punkt)*, bei der die Entscheidung über die Vertriebswege*

   getroffen wird (1 Punkt).

   b) Zusätzlich will er noch Werbung, Verkaufsförderung und Öffentlichkeitsarbeit betreiben. Zu welchem Marketinginstrument gehören diese Bereiche? (1 Punkt)

   Kommunikationspolitik

   c) Ordnen Sie die folgenden Maßnahmen zu. Schreiben Sie dazu den entsprechenden Buchstaben auf die Zeile. (3 Punkte)

Bereich	Buchstabe		Maßnahme
Verkaufsförderung	*C*	A	Er lässt Flyer in der Nachbarschaft verteilen.
Öffentlichkeitsarbeit	*B*	B	Er spendet dem Kinderhort einen neue Rutsche.
Werbung	*A*	C	Er verteilt an alle Kunden Warenproben.

6. Das Kassensystem des Salons bietet die Möglichkeit, alle Wareneingänge und Warenausgänge zu erfassen.

   a) Bei welcher Inventurart müssen alle Wareneingänge und -ausgänge sofort erfasst werden? (1 Punkt)

   Permanente Inventur

   b) Der Betriebsinhaber plant, eine körperliche Inventur durchzuführen. Was versteht man unter der körperlichen Inventur? (2 Punkte)

   z. B. Alle Vermögensgegenstände werden erfasst und gezählt. Dabei wird eine

   Inventurliste erstellt.

c) Bei der körperlichen Inventur stellt sich heraus, dass 12 Dosen Haarspray weniger im Lager vorhanden sind als erwartet. Nennen Sie drei mögliche Gründe für diese Mindermenge. (3 Punkte)

d) Wie bezeichnet man die Inventurdifferenz, die entsteht, weil eine Dose Haarspray defekt ist und nicht mehr benutzt werden kann? (1 Punkt)

7. Bisher wurde in dem Friseurbetrieb nur die Zahlung mit Bargeld akzeptiert.

   a) Beschreiben Sie einen Vorteil der Zahlung mit Bargeld. (1 Punkt)

   b) Jetzt wird ein Terminal für die Zahlung mit kartengestützten Bezahlungssystemen angeschafft. Ihr Arbeitgeber entscheidet sich für Electronic cash. Beschreiben Sie den Vorgang des Bezahlens.

   (2 Punkte)

   c) Das Elektronische Lastschriftverfahren will der Saloninhaber nicht einführen. Welchen Nachteil hat dieses Verfahren im Vergleich zu Electronic cash und Bargeldzahlung? (2 Punkte)

BETRIEBSORGANISATION UND KUNDENMANAGEMENT · LÖSUNGEN

c) Bei der körperlichen Inventur stellt sich heraus, dass 12 Dosen Haarspray weniger im Lager vorhanden sind als erwartet. Nennen Sie drei mögliche Gründe für diese Mindermenge. (3 Punkte)

z. B. Es wurde Haarspray als Kabinettware entnommen und nicht ausgebucht.

z. B. Haarspray wurde gestohlen. Defekte Dose nicht ausgebucht.

z. B. Es wurde bei der Wareneingabe eine falsche Menge eingegeben.

d) Wie bezeichnet man die Inventurdifferenz, die entsteht, weil eine Dose Haarspray defekt ist und nicht mehr benutzt werden kann? (1 Punkt)

Wertverlust

7. Bisher wurde in dem Friseurbetrieb nur die Zahlung mit Bargeld akzeptiert.
   a) Beschreiben Sie einen Vorteil der Zahlung mit Bargeld. (1 Punkt)

   z. B. Der Friseur erhält den Gegenwert für seine Leistungen sofort.

   z. B. Es ist eine unkomplizierte Zahlweise.

   b) Jetzt wird ein Terminal für die Zahlung mit kartengestützten Bezahlungssystemen angeschafft. Ihr Arbeitgeber entscheidet sich für Electronic cash. Beschreiben Sie den Vorgang des Bezahlens.
   (2 Punkte)

   z. B. Der Kunde bestätigt den Betrag.

   z. B. Der Kunde gibt seine PIN ein und zahlt.

   c) Das Elektronische Lastschriftverfahren will der Saloninhaber nicht einführen. Welchen Nachteil hat dieses Verfahren im Vergleich zu Electronic cash und Bargeldzahlung? (2 Punkte)

   z. B. Der Kunde zahlt nicht im Geschäft, sondern im Nachhinein über Bankeinzug.

   z. B. Wenn das Konto nicht gedeckt ist, muss der Betriebsinhaber den Betrag

   anderweitig einfordern.

d) Welche zwei Vorteile hat die Zahlung mit kartengestützten Bezahlungssystemen gegenüber der Zahlung mit Bargeld für Friseur bzw. Kunden? (2 Punkte)

___

8. Der Inhaber des Friseurbetriebes will die Umbaumaßnahmen auch dazu nutzen, den Salon wirtschaftlicher und umweltbewusster zu machen.

   a) Nennen Sie zwei Anschaffungen, durch die im Friseursalon Wasser gespart werden kann. (2 Punkte)

   b) Der Betriebsinhaber will Glühlampen durch neue LED-Lampen ersetzen. Eine neue LED-Lampe wird bei gleicher Lichtleistung statt 100 Watt nur noch 16 Watt verbrauchen.
   Berechnen Sie die tägliche Ersparnis in Euro, wenn die 8 Lampen im Durchschnitt je 6 Stunden leuchten. Der Preis für eine Kilowattstunde Strom beträgt 27,5 Cent. (6 Punkte)

   c) Wie können die Mitarbeiter innerhalb ihrer beruflichen Tätigkeiten künftig Energie und Wasser sparen? Unterbreiten Sie drei Vorschläge. (3 Punkte)

Betriebsorganisation und Kundenmanagement · Lösungen

d) Welche zwei Vorteile hat die Zahlung mit kartengestützten Bezahlungssystemen gegenüber der Zahlung mit Bargeld für Friseur bzw. Kunden? (2 Punkte)

z. B. Spontankäufe fallen dem Kunden leichter. Der Kunde kann immer zahlen.

z. B. Keine Annahme von Falschgeld möglich.

z. B. Der Betrieb muss nicht so oft zur Bank und Geld einzahlen/Wechselgeld tauschen.

---

8. Der Inhaber des Friseurbetriebes will die Umbaumaßnahmen auch dazu nutzen, den Salon wirtschaftlicher und umweltbewusster zu machen.

a) Nennen Sie zwei Anschaffungen, durch die im Friseursalon Wasser gespart werden kann. (2 Punkte)

z. B. Er kann Wassersparperlatoren/Durchflussbegrenzer für die Armaturen kaufen.

z. B. Er kann Energiesparhandtücher anschaffen.

z. B. Er kann einen neuen Wasserkasten mit Spülstopp-Taste am WC installieren.

b) Der Betriebsinhaber will Glühlampen durch neue LED-Lampen ersetzen. Eine neue LED-Lampe wird bei gleicher Lichtleistung statt 100 Watt nur noch 16 Watt verbrauchen. Berechnen Sie die tägliche Ersparnis in Euro, wenn die 8 Lampen im Durchschnitt je 6 Stunden leuchten. Der Preis für eine Kilowattstunde Strom beträgt 27,5 Cent. (6 Punkte)

Ersparnis je Lampe:	$100\ W - 16\ W$	$= 84\ Watt$	(1 Punkt)
Ersparnis für 8 Lampen:	$8 \cdot 84\ Watt$	$= 672\ Watt\quad täglich$	(1 Punkt)
		$= 0{,}672\ kW\quad täglich$	(1 Punkt)
	$0{,}672\ kW \cdot 6\ h$	$= 4{,}032\ kWh\quad täglich\ Ersparnis$	(1 Punkt)
	$4{,}032 \cdot 27{,}5\ Cent$	$= 110{,}88\ Cent$	(1 Punkt)
	$110{,}88\ Cent$	$= 1{,}11\ Euro\quad täglich\ Ersparnis$	(1 Punkt)

(Andere Rechenwege sind möglich und ebenfalls zu akzeptieren.)

c) Wie können die Mitarbeiter innerhalb ihrer beruflichen Tätigkeiten künftig Energie und Wasser sparen? Unterbreiten Sie drei Vorschläge. (3 Punkte)

z. B. Waschmaschine nur vollständig befüllt laufen lassen.

z. B. Geräte/Wasser nicht unnötig laufen lassen.

z. B. Geräte nachts ganz ausschalten und nicht auf Stand-by lassen.

z. B. Dem Kunden eine Ansatzhaarwäsche empfehlen.

d) Der Betriebsinhaber will auch im Bereich des Wareneinsatzes wirtschaftlich und umweltbewusst arbeiten. Nennen Sie zwei Maßnahmen, durch die das gelingen kann. (2 Punkte)

e) Die Auszubildende im ersten Lehrjahr schlägt vor, die Einmalhandschuhe beim Dauerwellen, Färben und Blondieren mehrfach zu verwenden, um Kosten zu sparen. Nehmen Sie zu diesem Vorschlag Stellung. (3 Punkte)

9. Im Friseurbetrieb muss hygienisch gearbeitet werden.

   a) Was versteht man unter Hygiene? (2 Punkte)

   b) Nennen Sie das Gesetz und die Verordnung, die Friseur und Kunden vor einer Ansteckung im Friseurbetrieb schützen sollen. (2 Punkte)

   c) Jeder Mitarbeiter im Friseursalon muss gründliche persönliche Hygiene betreiben, damit die Kunden sich in seiner Gegenwart wohl fühlen. Nennen Sie drei Beispiele. (2 Punkte)

BETRIEBSORGANISATION UND KUNDENMANAGEMENT · LÖSUNGEN

d) Der Betriebsinhaber will auch im Bereich des Wareneinsatzes wirtschaftlich und umweltbewusst arbeiten. Nennen Sie zwei Maßnahmen, durch die das gelingen kann. (2 Punkte)

z. B. Farbtuben immer restlos entleeren.

z. B. Kabinettware in Großgebinden einkaufen und zum Gebrauch umfüllen.

z. B. Reinigungsmittel sparsam einsetzen.

z. B. Nachfüllbare Pump-Haarsprays benutzen.

e) Die Auszubildende im ersten Lehrjahr schlägt vor, die Einmalhandschuhe beim Dauerwellen, Färben und Blondieren mehrfach zu verwenden, um Kosten zu sparen. Nehmen Sie zu diesem Vorschlag Stellung. (3 Punkte)

Dieser Vorschlag ist abzulehnen (1 Punkt).

z. B. Die Gesundheitsschutzbestimmungen stehen über Sparmaßnahmen und Umweltschutz (2 Punkte).

z. B. Der Hautschutzplan ist einzuhalten. Sparmaßnahmen sind unmöglich (2 Punkte).

9. Im Friseurbetrieb muss hygienisch gearbeitet werden.

   a) Was versteht man unter Hygiene? (2 Punkte)

   Alle Maßnahmen zur Ausschaltung gesundheitsschädlicher Umwelteinflüsse zur vorbeugenden Krankheitsbekämpfung

   (Anm. Trivialerklärungen je nach Qualität geringer bepunkten)

   b) Nennen Sie das Gesetz und die Verordnung, die Friseur und Kunden vor einer Ansteckung im Friseurbetrieb schützen sollen. (2 Punkte)

   Infektionsschutzgesetz

   Hygieneverordnungen der Bundesländer

   c) Jeder Mitarbeiter im Friseursalon muss gründliche persönliche Hygiene betreiben, damit die Kunden sich in seiner Gegenwart wohl fühlen. Nennen Sie drei Beispiele. (2 Punkte)

   z. B. Hände stets gründlich reinigen, vor allem auch nach dem Toilettengang

   z. B. Saubere Kleidung *z. B. Angenehmer Körpergeruch*

   z. B. Gepflegte Zähne/Nägel *z. B. Kein Mundgeruch*

d) Sie haben einem Kunden die Haare geschnitten, der einen sehr ungepflegten Eindruck gemacht hat. Beschreiben Sie zwei Vorsichtsmaßnahmen, die Sie nun treffen. (2 Punkte)

10. Im Friseurberuf hat die verbale Kommunikation eine große Bedeutung.

a) Erklären Sie verbale Kommunikation. (1 Punkt)

b) Was versteht man unter Small Talk? (1 Punkt)

c) Beschreiben Sie die Bedeutung des Small Talk für die Kundenberatung. (2 Punkte)

d) Der Friseur verwendet verschiedene Fragearten. Ordnen Sie die Beispiele den Fragearten zu, indem Sie den passenden Buchstaben auf die Zeile schreiben. (4 Punkte)

Frageart	Buchstabe	Frage
Offene Frage	_____	A „Sie möchten doch sicher die Ohren frei?"
Suggestivfrage	_____	B „Darf ich Sie bitten Platz zu nehmen?"
Rhetorische Frage	_____	C „Möchten Sie eine Wellness-Haarwäsche?"
Geschlossene Frage	_____	D „Wie haben Sie sich Ihre Frisur vorgestellt?"

Betriebsorganisation und Kundenmanagement · Lösungen

d) Sie haben einem Kunden die Haare geschnitten, der einen sehr ungepflegten Eindruck gemacht hat. Beschreiben Sie zwei Vorsichtsmaßnahmen, die Sie nun treffen. (2 Punkte)

z. B. Ich desinfiziere und reinige mir die Hände.

z. B. Ich desinfiziere die benutzten Werkzeuge/den Bedienungsplatz.

z. B. Ich desinfiziere und reinige die Textilien wie Handtücher, Umhänge.

10. Im Friseurberuf hat die verbale Kommunikation eine große Bedeutung.

a) Erklären Sie verbale Kommunikation. (1 Punkt)

z. B. Verständigung durch Sprache/Worte

b) Was versteht man unter Small Talk? (1 Punkt)

z. B. ein lockeres Gespräch über unverfängliche Themen

c) Beschreiben Sie die Bedeutung des Small Talk für die Kundenberatung. (2 Punkte)

z. B. Der Friseur erhält Informationen über Lebensumstände des Kunden, die ihm für die Frisurenempfehlung hilfreich sind (2 Punkte).

z. B. Der Kunde baut Vertrauen zum Friseur auf und nimmt Vorschläge leichter auf (2 Punkte).

d) Der Friseur verwendet verschiedene Fragearten. Ordnen Sie die Beispiele den Fragearten zu, indem Sie den passenden Buchstaben auf die Zeile schreiben. (4 Punkte)

Frageart	Buchstabe		Frage
Offene Frage	*D*	A	„Sie möchten doch sicher die Ohren frei?"
Suggestivfrage	*A*	B	„Darf ich Sie bitten Platz zu nehmen?"
Rhetorische Frage	*B*	C	„Möchten Sie eine Wellness-Haarwäsche?"
Geschlossene Frage	*C*	D	„Wie haben Sie sich Ihre Frisur vorgestellt?"

e) Formulieren Sie eine Entscheidungsfrage aus dem Bereich der Serviceleistungen. (2 Punkte)

11. In Ihrer Heimatstadt findet derzeit ein Mittelaltermarkt statt. Eine der Attraktionen ist die nachgebildete Badestube.

   a) Warum gilt der Bader als Vorläufer der heutigen Friseure? (1 Punkt)

   b) Markieren Sie in der folgenden Auflistung die zwei Tätigkeiten, die nicht zum Tätigkeitsbereich des Baders zählten. (2 Punkte)
   - ❏ Zähne ziehen
   - ❏ Perücken knüpfen
   - ❏ Amputieren
   - ❏ Tressieren
   - ❏ Schröpfen
   - ❏ Wundversorgung

   c) Markieren Sie in der Auflistung die zwei Arten der Haartracht, die Sie bei den weiblichen Darstellerinnen des Mittelaltermarktes erwarten. (2 Punkte)
   - ❏ Bubikopf
   - ❏ Geflochtene Zöpfe
   - ❏ Pagenkopf
   - ❏ Hochsteckfrisur
   - ❏ Langes, offenes Haar

e) Formulieren Sie eine Entscheidungsfrage aus dem Bereich der Serviceleistungen. (2 Punkte)

z. B. Hätten Sie gerne eine Tasse Kaffee oder wäre Ihnen ein kühles Getränk lieber?

(Anm. 1 Punkt für die Frageart, ein Punkt zusätzlich für das Thema)

11. In Ihrer Heimatstadt findet derzeit ein Mittelaltermarkt statt. Eine der Attraktionen ist die nachgebildete Badestube.

    a) **Warum gilt der Bader als Vorläufer der heutigen Friseure?** (1 Punkt)

    Weil er Haare geschnitten und rasiert hat.

    (Anm.: nur Friseurdienstleistungen akzeptieren)

    b) **Markieren Sie in der folgenden Auflistung die zwei Tätigkeiten, die nicht zum Tätigkeitsbereich des Baders zählten.** (2 Punkte)

    - ❏ Zähne ziehen
    - *X* Perücken knüpfen
    - ❏ Amputieren
    - *X* Tressieren
    - ❏ Schröpfen
    - ❏ Wundversorgung

    c) **Markieren Sie in der Auflistung die zwei Arten der Haartracht, die Sie bei den weiblichen Darstellerinnen des Mittelaltermarktes erwarten.** (2 Punkte)

    - ❏ Bubikopf
    - *X* Geflochtene Zöpfe
    - ❏ Pagenkopf
    - ❏ Hochsteckfrisur
    - *X* Langes, offenes Haar

FRISEURTECHNIKEN · AUFGABEN

Ihre heutige Kundin ist eine Stammkundin, die jede Woche zum Frisieren und für eine kleine kosmetische Behandlung in Ihren Salon kommt. Als Schulleiterin muss diese Kundin viele Termine in der Öffentlichkeit wahrnehmen. Sie stellt deshalb sehr hohe Ansprüche an Ihre Arbeit.

1. Die Kundin ist nicht mehr zufrieden mit der Haarfarbe. Sie haben die Haare bisher immer mit einer Intensivtönung behandelt. In letzter Zeit lassen sich nicht mehr alle weißen Haare ausreichend abdecken. Sie denken deshalb heute über eine oxidative Haarfarbe nach.

   a) Kreuzen Sie die richtigen Aussagen zum „Ergrauen" des Haares an. (5 Punkte)

Aussage	Richtig	Falsch
Der Zeitpunkt des „Ergrauens" ist von der Naturhaarfarbe abhängig.	❑	❑
Die Melanozyten bilden kein Melanin mehr.	❑	❑
Ein graues Haar ist noch teilweise pigmentiertes Haar.	❑	❑
Der Zeitpunkt des „Ergrauens" ist hauptsächlich genetisch bedingt.	❑	❑
Graues Haar ist eine Mischung aus weißem und farbigem Haar.	❑	❑

   b) Zählen Sie vier Vorteile der oxidativen Haarfarbe gegenüber einer Tönung auf. (4 Punkte)

   _____

   _____

   _____

   _____

   _____

   _____

   c) Entscheiden Sie, welche Inhaltsstoffe in einer oxidativen Haarfarbe enthalten bzw. nicht enthalten sind. (5 Punkte)

	nicht enthalten	enthalten
Bleisalze	❑	❑
Farbstoffvorstufen	❑	❑
Fertigfarbstoffe	❑	❑
Gerbsäure	❑	❑
Aerosol	❑	❑

   d) Die Kundin möchte nun wissen, weshalb Sie statt der Intensivtönung eine oxidative Haarfarbe verwenden wollen. Erklären Sie der Kundin, wodurch die oxidative Haarfarbe das weiße Haar besser abdecken kann. (2 Punkte)

   _____

   _____

   _____

FRISEURTECHNIKEN · LÖSUNGEN

Ihre heutige Kundin ist eine Stammkundin, die jede Woche zum Frisieren und für eine kleine kosmetische Behandlung in Ihren Salon kommt. Als Schulleiterin muss diese Kundin viele Termine in der Öffentlichkeit wahrnehmen. Sie stellt deshalb sehr hohe Ansprüche an Ihre Arbeit.

1. Die Kundin ist nicht mehr zufrieden mit der Haarfarbe. Sie haben die Haare bisher immer mit einer Intensivtönung behandelt. In letzter Zeit lassen sich nicht mehr alle weißen Haare ausreichend abdecken. Sie denken deshalb heute über eine oxidative Haarfarbe nach.

   a) Kreuzen Sie die richtigen Aussagen zum „Ergrauen" des Haares an. (5 Punkte)

Aussage	Richtig	Falsch
Der Zeitpunkt des „Ergrauens" ist von der Naturhaarfarbe abhängig.		X
Die Melanozyten bilden kein Melanin mehr.	X	
Ein graues Haar ist noch teilweise pigmentiertes Haar.		X
Der Zeitpunkt des „Ergrauens" ist hauptsächlich genetisch bedingt.	X	
Graues Haar ist eine Mischung aus weißem und farbigem Haar.	X	

   b) Zählen Sie vier Vorteile der oxidativen Haarfarbe gegenüber einer Tönung auf. (4 Punkte)

   z. B. höhere Deckkraft

   z. B. Aufhellung möglich

   z. B. längere Haltbarkeit

   z. B. 100 %ige Weißhaarabdeckung

   z. B. große Farbauswahl

   z. B. Veränderung der Farbtiefe möglich

   c) Entscheiden Sie, welche Inhaltsstoffe in einer oxidativen Haarfarbe enthalten bzw. nicht enthalten sind. (5 Punkte)

	nicht enthalten	enthalten
Bleisalze	X	
Farbstoffvorstufen		X
Fertigfarbstoffe		X
Gerbsäure	X	
Aerosol	X	

   d) Die Kundin möchte nun wissen, weshalb Sie statt der Intensivtönung eine oxidative Haarfarbe verwenden wollen. Erklären Sie der Kundin, wodurch die oxidative Haarfarbe das weiße Haar besser abdecken kann. (2 Punkte)

   z. B. Es werden mehr Farbbildner (1 Punkt) *in die Faserschicht* (1 Punkt) *eingelagert.*

2. Diese Kundin äußert Bedenken, dass die Farbe dann vielleicht zu künstlich, einheitlich wirken könnte. Sie schlagen ihr vor, durch Strähnchen das Farbergebnis aufzulockern.

   a) Nennen Sie zwei Präparate, die sich dazu eignen. (2 Punkte)

   _____

   _____

   _____

   b) Der Vorschlag wird von der Kundin begeistert aufgenommen, sie kann sich hellere Strähnchen gut vorstellen. Sie möchte aber gerne wissen, ob eine Blondierung nicht sehr schädlich für ihre Haare ist. Geben Sie ihr die geeignete Antwort und machen Sie einen geeigneten Behandlungsvorschlag. (2 Punkte)

   _____

   _____

   _____

   c) Zum besseren Verständnis erklären Sie kurz den chemischen Ablauf bei einer Blondierung. Setzen Sie hierfür die passenden Fachbegriffe in die Lücken ein. (8 Punkte)

   Durch _____ wird das Haar geöffnet und gequollen.

   Zur Freisetzung des aktiven Sauerstoffs muss die _____ des

   Wasserstoffperoxids neutralisiert werden. Die natürlichen Farbpigmente, welche die

   Haarfarbe bilden, werden _____ und _____ genannt.

   Diese werden durch die Anlagerung von Sauerstoff zerstört. Diesen Vorgang nennt

   man _____ . Auch einige _____ Farbpigmente werden

   dabei teilweise abgebaut.

   Durch eine saure Abschlussbehandlung wird das Haar _____

   und die Alkalireste _____ .

Friseurtechniken · Lösungen

2. Diese Kundin äußert Bedenken, dass die Farbe dann vielleicht zu künstlich, einheitlich wirken könnte. Sie schlagen ihr vor, durch Strähnchen das Farbergebnis aufzulockern.

a) Nennen Sie zwei Präparate, die sich dazu eignen. (2 Punkte)

z. B. Blondierung, z. B. Blondierung mit Farbpigmenten (auch Produktbenennung möglich),

z. B. eine andere oxidative Haarfarbe

b) Der Vorschlag wird von der Kundin begeistert aufgenommen, sie kann sich hellere Strähnchen gut vorstellen. Sie möchte aber gerne wissen, ob eine Blondierung nicht sehr schädlich für ihre Haare ist. Geben Sie ihr die geeignete Antwort und machen Sie einen geeigneten Behandlungsvorschlag. (2 Punkte)

z. B. Blondierung strapaziert im Allgemeinen die Haare mehr als Haarfarbe (1 Punkt).

Man könnte hier aber die Wasserstoffperoxidkonzentration gering halten (1 Punkt),

um nur eine leichte Aufhellung zu erreichen.

c) Zum besseren Verständnis erklären Sie kurz den chemischen Ablauf bei einer Blondierung. Setzen Sie hierfür die passenden Fachbegriffe in die Lücken ein. (8 Punkte)

Durch **Ammoniak/Alkalisierungsmittel** wird das Haar geöffnet und gequollen.

Zur Freisetzung des aktiven Sauerstoffs muss die **Stabilisierungssäure** des Wasserstoffperoxids neutralisiert werden. Die natürlichen Farbpigmente, welche die Haarfarbe bilden, werden **Eumelanin** und **Phäomelanin** genannt.

Diese werden durch die Anlagerung von Sauerstoff zerstört. Diesen Vorgang nennt man **Oxidation**. Auch einige **künstliche** Farbpigmente werden dabei teilweise abgebaut.

Durch eine saure Abschlussbehandlung wird das Haar **adstringiert**

und die Alkalireste **neutralisiert**.

d) Vor jeder Farbbehandlung ist eine ausführliche Haar- und Kopfhautbeurteilung nötig. Entscheiden Sie, welche Punkte zur Bestimmung der Ausgangshaarfarbe beachtet werden müssen. (6 Punkte)

	Richtig	Falsch
Naturhaarfarbe: Farbtiefe und Farbrichtung	❑	❑
Kopfhautanomalien, z. B. Grützbeutel	❑	❑
Fallrichtung des Haares	❑	❑
Weißanteil	❑	❑
Farbliche Vorbehandlungen	❑	❑
Farbliche Ungleichheiten	❑	❑

3. Das Haar wird in einem hellbraunen Naturton gefärbt. Sie ist ein warmer, farbintensiver Typ (Herbsttyp).

   a) Empfehlen Sie ihr drei mögliche Farbrichtungen. (Verwenden Sie keine Nummern.) (3 Punkte)

   _____

   _____

   _____

   _____

   b) Vervollständigen Sie die folgenden Aussagen zur Farbenlehre mit den Fachbegriffen. (5 Punkte)

   Die im Sonnenlicht enthaltenen Lichtfarben bezeichnet der Fachmann auch als

   _____

   Fällt das Sonnenlicht auf einen schwarzen Gegenstand, werden alle farbigen Strahlen

   _____

   Werden Körperfarben, wie z. B. Haarfarben, miteinander gemischt, so spricht man von einer

   _____

   Körperfarben, die mit Weiß gemischt wurden, nennt man _____

   Bei einem gelben Gegenstand werden nur die gelben Lichtstrahlen _____

   c) Erklären Sie, was man unter Trübfarben versteht, und nennen Sie zwei Beispiele. (4 Punkte)

   _____

   _____

   _____

FRISEURTECHNIKEN · LÖSUNGEN

d) Vor jeder Farbbehandlung ist eine ausführliche Haar- und Kopfhautbeurteilung nötig. Entscheiden Sie, welche Punkte zur Bestimmung der Ausgangshaarfarbe beachtet werden müssen. (6 Punkte)

	Richtig	Falsch
Naturhaarfarbe: Farbtiefe und Farbrichtung	X	❏
Kopfhautanomalien, z. B. Grützbeutel	❏	X
Fallrichtung des Haares	❏	X
Weißanteil	X	❏
Farbliche Vorbehandlungen	X	❏
Farbliche Ungleichheiten	X	❏

3. Das Haar wird in einem hellbraunen Naturton gefärbt. Sie ist ein warmer, farbintensiver Typ (Herbsttyp).

   a) Empfehlen Sie ihr drei mögliche Farbrichtungen. (Verwenden Sie keine Nummern.) (3 Punkte)

   z. B. Gold, Kupfer, Rotgold (alle warmen Rottöne), Beige

   (keine Firmen-Fantasiebezeichnungen)

   b) Vervollständigen Sie die folgenden Aussagen zur Farbenlehre mit den Fachbegriffen. (5 Punkte)

   Die im Sonnenlicht enthaltenen Lichtfarben bezeichnet der Fachmann auch als

   Spektralfarben.

   Fällt das Sonnenlicht auf einen schwarzen Gegenstand, werden alle farbigen Strahlen

   absorbiert.

   Werden Körperfarben, wie z. B. Haarfarben, miteinander gemischt, so spricht man von einer

   subtraktiven Farbmischung.

   Körperfarben, die mit Weiß gemischt wurden, nennt man *Pastellfarben.*

   Bei einem gelben Gegenstand werden nur die gelben Lichtstrahlen *reflektiert.*

   c) Erklären Sie, was man unter Trübfarben versteht, und nennen Sie zwei Beispiele. (4 Punkte)

   z. B. Trübfarben entstehen durch die Mischung von Klarfarben mit Grau,

   Braun oder Schwarz.

   z. B. Ockergelb, Khaki, Rotbraun, Moosgrün, Olivgrün

d) Beim Anmischen der Haarfarbe bemerken Sie, dass kein 9%iges Wasserstoffperoxid mehr vorrätig ist. Sie mischen nun aus 12%igem und 3%igem H_2O_2-Konzentrat Ihre benötigte Lösung. Berechnen Sie das Mischungsverhältnis mit dem Andreaskreuz und formulieren Sie einen Antwortsatz. (3 Punkte)

e) In der Betriebsanweisung und im Hautschutzplan sind Hinweise angegeben, die Sie beim Anmischen einer Farbe beachten sollen. Geben Sie zwei Punkte an, die zu Ihrem eigenen Schutz dienen, und begründen Sie diese. (2 Punkte)

f) Geben Sie drei Gründe an, bei denen Sie eine Behandlung mit oxidativer Haarfarbe ablehnen müssen! (3 Punkte)

g) Das Auftragen des Farbbreis sollte nicht wahllos erfolgen. Finden Sie die richtige Reihenfolge und die dazu passende Begründung, wenn die Zielfarbe heller als die Ausgangsfarbe ist. Geben Sie die richtige Kombination an. (2 Punkte)

1 Die Spitzen werden als Erstes eingestrichen, …   A… da hierfür der meiste Färbebrei benötigt wird.

2 Der Ansatz wird als Letztes eingestrichen, …   B… da sie aufgrund der fehlenden Körperwärme die meiste Zeit benötigen.

3 Die Längen werden als Letztes eingestrichen, …   C… da aufgrund des noch nicht vollständig verhornten, weichen Keratins die Farbe schneller wirkt.

Antwort: _____

FRISEURTECHNIKEN · LÖSUNGEN

d) **Beim Anmischen der Haarfarbe bemerken Sie, dass kein 9%iges Wasserstoffperoxid mehr vorrätig ist. Sie mischen nun aus 12%igem und 3%igem H₂O₂-Konzentrat Ihre benötigte Lösung. Berechnen Sie das Mischungsverhältnis mit dem Andreaskreuz und formulieren Sie einen Antwortsatz.** (3 Punkte)

12%	*6 : 3 = 2*	*2 Teile 12%iges H₂O₂*
9%	*Mischungsverhältnis 2 : 1*	
3%	*3 : 3 = 1*	*1 Teil 3%iges H₂O₂*
1 Punkt	1 Punkt	
1 Punkt für Antwortsatz		

e) **In der Betriebsanweisung und im Hautschutzplan sind Hinweise angegeben, die Sie beim Anmischen einer Farbe beachten sollen. Geben Sie zwei Punkte an, die zu Ihrem eigenen Schutz dienen, und begründen Sie diese.** (2 Punkte)

z. B. Das Tragen von Handschuhen beim Anmischen soll Hautschäden

vermeiden und die entstehenden Dämpfe sollen nicht direkt eingeatmet werden,

da dies die Atemwege schädigt.

f) **Geben Sie drei Gründe an, bei denen Sie eine Behandlung mit oxidativer Haarfarbe ablehnen müssen!** (3 Punkte)

z. B. Unverträglichkeit auf Inhaltsstoffe (Allergie)

z. B. offene Stellen an der Kopfhaut

z. B. stark geschädigtes Haar

z. B. Vorbehandlung mit Metallsalzfarben

z. B. wenn die Kundin unter 16 Jahre ist

g) **Das Auftragen des Farbbreis sollte nicht wahllos erfolgen. Finden Sie die richtige Reihenfolge und die dazu passende Begründung, wenn die Zielfarbe heller als die Ausgangsfarbe ist. Geben Sie die richtige Kombination an.** (2 Punkte)

1 Die Spitzen werden als Erstes eingestrichen, ...   **A**... da hierfür der meiste Färbebrei benötigt wird.

2 Der Ansatz wird als Letztes eingestrichen, ...   **B**... da sie aufgrund der fehlenden Körperwärme die meiste Zeit benötigen.

3 Die Längen werden als Letztes eingestrichen, ...   **C**... da aufgrund des noch nicht vollständig verhornten, weichen Keratins die Farbe schneller wirkt.

Antwort: *2C*   (Korrekturhinweis: Bei mehreren Antworten Aufgabe mit 0 Punkten bewerten!)

FRISEURTECHNIKEN · AUFGABEN

4. Während der Einwirkzeit wird bei der Kundin eine Maniküre durchgeführt.

   a) Benennen Sie die Knochen in den markierten Bereichen! (3 Punkte)

   _____

   _____

   _____

   b) Beim Ablacken der Nägel entdecken Sie eine Braunschwarzfärbung am Daumennagel. Die Kundin erzählt, dass sie sich den Fingernagel in der Autotür eingequetscht hat. Entscheiden und begründen Sie, ob Sie diesen Finger behandeln dürfen oder nicht. (2 Punkte)

   _____

   _____

   c) Kreuzen Sie an, welche dieser Nagelanomalien nicht von Ihnen behandelt werden darf. (1 Punkt)

   Nagelpilz   ❏

   Weißfärbung   ❏

   Gespaltene Nägel ❏

   d) Beschreiben Sie die Wirkung einer Handmassage. (2 Punkte)

   _____

   _____

   _____

   _____

   e) Nennen Sie die zwei Grundregeln, die bei der Handmassage zu beachten sind. (2 Punkte)

   _____

   _____

   _____

   _____

Prüfung 4

FRISEURTECHNIKEN · LÖSUNGEN

4. Während der Einwirkzeit wird bei der Kundin eine Maniküre durchgeführt.

   a) Benennen Sie die Knochen in den markierten Bereichen! (3 Punkte)

   Fingerknochen

   Mittelhandknochen

   Handwurzelknochen

   b) Beim Ablacken der Nägel entdecken Sie eine Braunschwarzfärbung am Daumennagel. Die Kundin erzählt, dass sie sich den Fingernagel in der Autotür eingequetscht hat. Entscheiden und begründen Sie, ob Sie diesen Finger behandeln dürfen oder nicht. (2 Punkte)

   Der Fingernagel darf behandelt werden, da es nicht ansteckend ist.

   c) Kreuzen Sie an, welche dieser Nagelanomalien nicht von Ihnen behandelt werden darf. (1 Punkt)

Nagelpilz	*X*
Weißfärbung	❏
Gespaltene Nägel	❏

   d) Beschreiben Sie die Wirkung einer Handmassage. (2 Punkte)

   z. B. Die Handmassage wirkt entspannend auf Hand und Armmuskulatur (1 Punkt),

   zusätzlich wird die Durchblutung in diesen Bereichen angeregt (1 Punkt).

   e) Nennen Sie die zwei Grundregeln, die bei der Handmassage zu beachten sind. (2 Punkte)

   Während der Massage muss immer mit einer Hand der Körperkontakt

   aufrechterhalten werden (1 Punkt).

   Mit Druck in Richtung Herzen massieren und ohne Druck ausstreichen (1 Punkt).

f) Entscheiden Sie, welche Massagegriffe in einer Handmassage enthalten sein sollen. (5 Punkte)

	Richtig	Falsch
Ausstreichen der Finger	❏	❏
Kräftiges Klopfen zwischen den Grundgliedern	❏	❏
Ausstreichen der ganzen Hand, von den Fingern beginnend	❏	❏
Kräftige Streichmassage des Unterarms von der Hand zum Ellenbogen	❏	❏
Friktionen der Handinnenflächen	❏	❏

g) Die Saloninhaberin kalkuliert den Preis für die Maniküre neu, da die Bezugskosten für die Pflegeprodukte gestiegen sind. Die Lohnkosten für einen Auszubildenden betragen 3,25 Euro und der Materialeinsatz liegt bei 1,75 Euro. Die Lohngemeinkosten im Salon werden mit 165 %, der Gewinn mit 30 % kalkuliert.

Errechnen Sie den Bruttobedienungspreis. (10 Punkte)

5. Zu einer feierlichen Veranstaltung am Abend möchte sich Ihre Kundin ein passendes Abend Make-up erstellen lassen.

   a) Zeigen Sie den Unterschied eines Abend Make-ups/festlichen Make-ups zu einem Tages Make-up auf und begründen Sie diesen. (2 Punkte)

FRISEURTECHNIKEN · LÖSUNGEN

f) Entscheiden Sie, welche Massagegriffe in einer Handmassage enthalten sein sollen. (5 Punkte)

	Richtig	Falsch
Ausstreichen der Finger	X	❏
Kräftiges Klopfen zwischen den Grundgliedern	❏	X
Ausstreichen der ganzen Hand, von den Fingern beginnend	X	❏
Kräftige Streichmassage des Unterarms von der Hand zum Ellenbogen	X	❏
Friktionen der Handinnenflächen	X	❏

g) Die Saloninhaberin kalkuliert den Preis für die Maniküre neu, da die Bezugskosten für die Pflegeprodukte gestiegen sind. Die Lohnkosten für einen Auszubildenden betragen 3,25 Euro und der Materialeinsatz liegt bei 1,75 Euro. Die Lohngemeinkosten im Salon werden mit 165 %, der Gewinn mit 30 % kalkuliert.

Errechnen Sie den Bruttobedienungspreis. (10 Punkte)

Lohnkosten   *3,25 €* (1 Punkt)
+ Gemeinkosten   *(3,25 € · 165 % : 100 %)*   *+ 5,36 €* (1 Punkt)
+ Materialkosten   *+ 1,75 €*

= Selbstkosten   *=10,36 €* (1 Punkt)
+ Gewinn   *(10,36 € · 30 % : 100 %)*   *+ 3,11 €* (1 Punkt)

= Nettobedienungspreis   *=13,47 €* (1 Punkt)
+ Mehrwertsteuer   *(13,47 € · 19 % : 100 %)*   *+ 2,56 €* (1 Punkt)

= Bruttobedienungspreis   *=16,03 €* (1 Punkt)

(1 Punkt auf das Schema.)

5. Zu einer feierlichen Veranstaltung am Abend möchte sich Ihre Kundin ein passendes Abend Make-up erstellen lassen.

a) Zeigen Sie den Unterschied eines Abend Make-ups/festlichen Make-ups zu einem Tages Make-up auf und begründen Sie diesen. (2 Punkte)

z. B. Das Abend Make-up sollte intensiver, d. h. die Farben kräftiger sein als bei einem Tages Make-up.

z. B. Das künstliche, gedämpfte Licht am Abend schluckt einen großen Anteil der Farben.

b) Benennen Sie die in der Abbildung gekennzeichneten Bestandteile des Auges. (6 Punkte)

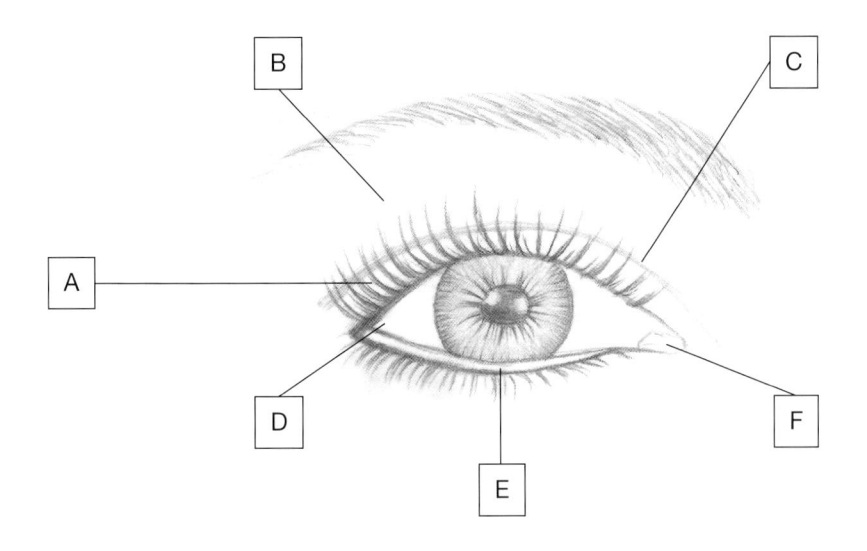

A	D
B	E
C	F

c) Ihre Kundin hat eine etwas längere Nase und Sie möchten diese kaschieren. Geben Sie die geeignete Technik an. (1 Punkt)

d) Bei der Hautdiagnose sind Kenntnisse über Hautanomalien wichtig. Benennen Sie die jeweils beschriebene Hautanomalie und ordnen Sie die Oberbegriffe zu. (6 Punkte)

Oberbegriffe: Talgdrüsenstörung, Verhornungsstörung, Gefäßstörung, Pigmentstörung

Beschreibung	Anomalie	Oberbegriff
Hell- bis blaurote erweiterte Äderchen im Wangenbereich.		
Weiße, scharf begrenzte Flecken. Der Rest der Haut ist normal gefärbt.		
Stecknadelkopfgroße, weißgelbe, harte Körnchen aus Talg und verhorntem Zellmaterial.		

b) Benennen Sie die in der Abbildung gekennzeichneten Bestandteile des Auges. (6 Punkte)

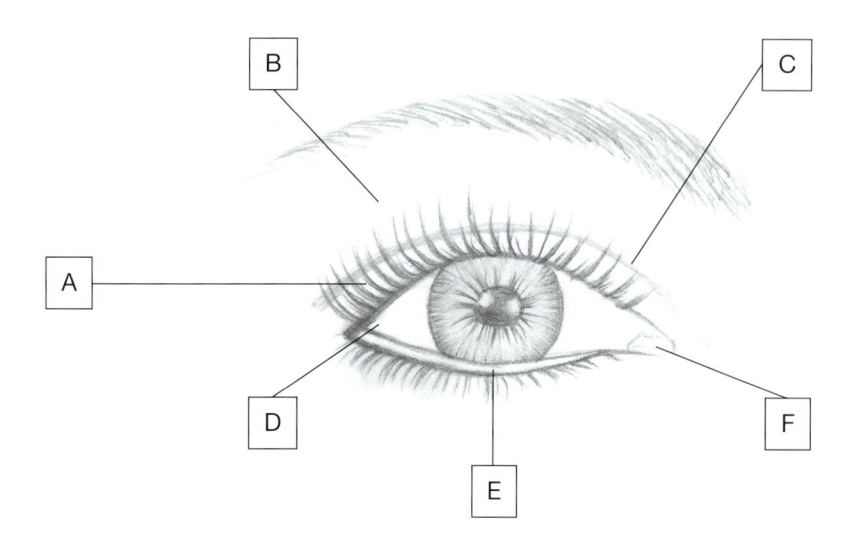

A	*Bewegliches Oberlid*	D	*Äußerer Augenwinkel*
B	*Unbewegliches Oberlid*	E	*Augensims*
C	*Lidfalte*	F	*Innerer Augenwinkel*

c) Ihre Kundin hat eine etwas längere Nase und Sie möchten diese kaschieren. Geben Sie die geeignete Technik an. (1 Punkt)

Die Nasenspitze wird mit Rouge oder Puder etwas dunkler geschminkt.

d) Bei der Hautdiagnose sind Kenntnisse über Hautanomalien wichtig. Benennen Sie die jeweils beschriebene Hautanomalie und ordnen Sie die Oberbegriffe zu. (6 Punkte)

Oberbegriffe: Talgdrüsenstörung, Verhornungsstörung, Gefäßstörung, Pigmentstörung

Beschreibung	Anomalie	Oberbegriff
Hell- bis blaurote erweiterte Äderchen im Wangenbereich.	*Teleangiektasien/ Äderchenzeichnung*	*Gefäßstörung*
Weiße, scharf begrenzte Flecken. Der Rest der Haut ist normal gefärbt.	*Weißfleckenkrankheit/ Vitiligo*	*Pigmentstörung*
Stecknadelkopfgroße, weißgelbe, harte Körnchen aus Talg und verhorntem Zellmaterial.	*Hautgrieß/ Milien*	*Verhornungsstörung*

e) **Die Kundin hat eine Sebostase und Sie müssen geeignete Präparate anwenden.
Nennen Sie diese und begründen Sie Ihre Entscheidung.** (4 Punkte)

Reinigungspräparat:

Gesichtswasser:

FRISEURTECHNIKEN · LÖSUNGEN

e) **Die Kundin hat eine Sebostase und Sie müssen geeignete Präparate anwenden. Nennen Sie diese und begründen Sie Ihre Entscheidung.** (4 Punkte)

Reinigungspräparat: *Reinigungscreme-, milch, da sie rückfettende Stoffe beinhalten.*

Gesichtswasser: *Alkoholfreies Gesichtswasser, alkoholhaltiges würde die Haut noch stärker entfetten und austrocknen.*

Erreichte Punkte

LÖSUNGSBOGEN
WIRTSCHAFTS- UND SOZIALKUNDE

Name, Vorname: _____ Platzziffer: _____

	a	b	c	d	Korr.	
1						1
2						2
3						3
4						4
5						5
6						6
7						7
8						8
9						9
10						10
11						11
12						12
13						13
14						14
15						15
16						16
17						17
18						18
19						19
20						20
21						21
22						22
23						23
24						24
25						25
	a	b	c	d	Korr.	

Prüfung 4

Wirtschafts- und Sozialkunde · Aufgaben

1. **Ein Friseursalon ist in der Regel ein Einzelunternehmen.**
   Welchen Vorteil hat das?
   Der Chef ...
   a) muss Absprachen über die Einrichtung des Betriebes treffen
   b) muss den Gewinn mit seinen Angestellten teilen
   c) darf ohne Zustimmung seiner Angestellten keine Werbung machen
   d) kann alle unternehmerischen Entscheidungen alleine treffen

2. **Welchen Nachteil kann es für einen Einzelunternehmer geben?**
   a) Keinen, es gibt nur Vorteile.
   b) Der Unternehmer haftet nur mit dem Geschäftsvermögen bei Verlusten.
   c) Der Unternehmer haftet bei Verlusten mit dem Privat- und Geschäftsvermögen.
   d) Er darf alleine entscheiden, was mit dem Gewinn passiert.

3. **Der Unternehmer führt eine Werbekampagne durch.**
   Welchen Zweck erfüllt Werbung im Allgemeinen?
   a) Die Werbung soll zeigen, dass er der beste Friseur ist.
   b) Werbung soll Bedürfnisse wecken.
   c) Werbung soll dafür sorgen, dass der Umsatz sinkt.
   d) Keinen.

4. **Was sind Bedürfnisse?**
   Bedürfnisse sind ...
   a) Mangelempfinden, verbunden mit dem Wunsch, diesen Mangel zu beseitigen.
   b) nur die Wünsche anderer.
   c) nur die Wünsche, die man sich erfüllen kann.
   d) Mangelempfinden, die nie erfüllt werden können.

5. **In welcher Zeile stehen ausschließlich Beispiele für das Kulturbedürfnis?**
   a) Kino, Zeitung, Bücher, Handy, Theater, Internet
   b) Kino, Zeitung, Nahrung, Handy, Internet, TV
   c) TV, Internet, Villa, Schmuck, Handy, Radio
   d) TV, Internet, Bücher, Perlenkette, Zeitung, Theater

6. **Bedürfnisse und Kaufkraft hängen eng zusammen.**
   Was versteht man unter Kaufkraft?
   a) Darunter versteht man die Kraft, sich etwas zu kaufen.
   b) Damit ist das Geld gemeint, das man hat, um sich etwas zu kaufen.
   c) Darunter versteht man, dass man sich alle Dinge kauft.
   d) Damit sind nur Währungen gemeint, die man im Ausland braucht.

7. **Immer, wenn ein Friseur Waren kauft, kommt ein Vertrag zustande.**
   In welcher Zeile steht die richtige Definition für Verträge?
   a) Verträge kommen nur bei zwei übereinstimmenden Willenserklärungen zustande.
   b) Nur bei zwei bestimmten Willenserklärungen kommt ein Vertrag zustande.
   c) Bei zwei Firmen, die ihren Willen erklären, kommt immer ein Vertrag zustande.
   d) Wenn einer unabhängig vom anderen mit dem Willen übereinstimmt, kommt ein Vertrag zustande.

8. **Eine 14-jährige Schülerin kauft sich ein Glätteisen.**
   Ist der Kauf rechtskräftig?
   a) Bei zwei übereinstimmenden Willenserklärungen ist der Kauf immer rechtskräftig.
   b) Die Schülerin ist noch nicht volljährig, deshalb darf sie gar nichts alleine kaufen.
   c) Die Schülerin ist beschränkt geschäftsfähig und darf ihr Taschengeld auch dafür ausgeben.
   d) Die Schülerin ist voll geschäftsfähig, weil sie Taschengeld bekommt.

9. **Was bedeutet Rechtsfähigkeit?**
   a) Träger von Rechten und Pflichten zu sein
   b) Die Fähigkeit, Recht von Unrecht unterscheiden zu können
   c) Geschäfte rechtswirksam abschließen zu können
   d) Für unlautere Geschäfte haftbar gemacht werden zu können

10. **Ab wann ist ein Mensch rechtsfähig?**
    a) Mit der Geburt
    b) Ab 7 Jahren
    c) Ab 14 Jahren
    d) Ab 18 Jahren

11. **Wer Rechte hat, hat auch Pflichten.**
    In welchem Gesetz stehen die Rechte und Pflichten des Ausbildenden und des Auszubildenden?
    a) Mutterschutzgesetz
    b) Berufsbildungsgesetz
    c) Jugendarbeitsschutzgesetz
    d) Bundesurlaubsgesetz

12. **In welcher Antwort stehen ausschließlich Pflichten des Auszubildenden?**
    a) Berufsschulpflicht, Lernpflicht, Sorgfaltspflicht
    b) Lernpflicht, Lehrpflicht, Schweigepflicht
    c) Schweigepflicht, Fürsorgepflicht, Ausbildungspflicht
    d) Fürsorgepflicht, Berufsschulpflicht, Schweigepflicht

13. **Wann sollte eine Schwangere nach dem Mutterschutzgesetz ihren Chef über die Schwangerschaft informieren?**
    a) Sobald sie davon weiß
    b) Nach drei Monaten
    c) 6 Wochen vor der Entbindung
    d) Wann sie möchte

14. **Mona ist im vierten Monat schwanger und wird gekündigt.**
    Ist die Kündigung gültig, obwohl der Chef wusste, dass Mona schwanger ist?
    a) Ja, aber der Chef muss die Kündigungsfrist einhalten.
    b) Ja, weil Mona nicht mehr die volle Leistung bringt.
    c) Nur, wenn er schriftlich kündigt.
    d) Nein, für Mona besteht während der Schwangerschaft Kündigungsschutz.

15. **Wie lange ist die Kündigungsfrist von Auszubildenden in der Probezeit?**
    a) Vier Monate
    b) Vier Wochen
    c) Vier Tage
    d) Es gibt keine.

16. **Eine Kündigung kann im Verhalten des Auszubildenden begründet sein.**
    Wann ist das hier der Fall?
    a) Bei lang anhaltender Krankheit
    b) Bei Verschlechterung der Sehfähigkeit
    c) Bei schlechter Konjunktur
    d) Bei ständigem Zuspätkommen

17. **Unter Konjunktur versteht man das ständige Auf und Ab ...**
    a) des Dollar-Kurses.
    b) der Wirtschaft.
    c) des Ölpreises.
    d) der Wissenschaft.

18. **Welche Maßnahme kann ausschließlich der Staat durchführen, um die Konjunktur zu dämpfen?**
    a) Senkung der Mehrwertsteuer
    b) Verteilung vieler Staatsaufträge
    c) Erhöhung der Steuern
    d) Erhöhung der Subventionen

19. Die Europäische Zentralbank (EZB) versucht die Konjunktur unter anderem über die Vermehrung oder Verknappung der umlaufenden Geldmenge zu steuern.

In welcher Zeile stehen ausschließlich Maßnahmen der EZB?
a) Absenkung der Mindestreserve und der Steuern
b) Diskontsatzsenkung, Erhöhung der Mindestreserve
c) Erhöhung der Steuern und der Subventionen
d) Senkung der Subventionen und des Diskontsatzes

20. Wie nennt man die Konjunkturphase, in der die Arbeitslosenzahlen ansteigen?
a) Expansion
b) Boom
c) Rezession
d) Depression

21. Was meint man mit Arbeitslosenquote?
a) Unter Arbeitslosenquote versteht man den prozentualen Anteil der arbeitslosen Ausländer an der Gesamtzahl der Arbeitslosen.
b) Mit Arbeitslosenquote meint man den prozentualen Anteil der Jugendlichen an der Gesamtzahl der Arbeitslosen.
c) Arbeitslosenquote ist der prozentuale Anteil der beim Arbeitsamt gemeldeten Arbeitssuchenden an der Gesamtzahl der abhängig Beschäftigten.
d) Arbeitslosenquote heißt, Zahl der Arbeitenden ist gleich Zahl der Arbeitswilligen.

22. In welchem Gesetz wird die Arbeitnehmer-Mitbestimmung im Betrieb geregelt?
a) Betriebsverfassungsgesetz
b) Bundesurlaubsgesetz
c) Kündigungsschutzgesetz
d) Berufsbildungsgesetz

23. Das Entgeltfortzahlungsgesetz sieht vor, dass ein Arbeitnehmer trotz Krankheit ...
a) seinen Lohn in voller Höhe vom Arbeitgeber unbefristet weiter erhält.
b) seinen Lohn nur bei einem Berufsunfall in voller Höhe vom Arbeitgeber unbefristet weiter erhält.
c) seinen Lohn bis zu 6 Wochen vom Arbeitgeber und dann in voller Höhe von seiner Krankenkasse weiter erhält.
d) seinen Lohn bis zu 6 Wochen vom Arbeitgeber und dann in der Regel 70 % vom Bruttolohn von seiner Krankenkasse weiter erhält.

24. Stefanie wird in ihrem Urlaub krank. Hat sie das Recht, dass diese Krankheitstage ihrem Urlaubskonto wieder gutgeschrieben werden?
a) Ja, immer.
b) Ja, aber nur, wenn sie ein ärztliches Attest hat.
c) Nein, außer sie ist schwer erkrankt.
d) Nein, auf gar keinen Fall.

25. Wie viele Tage Urlaub stehen einem 17-Jährigen laut Jugendarbeitsschutzgesetz zu?
a) 30 Werktage
b) 27 Werktage
c) 25 Werktage
d) 23 Werktage

Prüfung 4

LÖSUNGSBOGEN
WIRTSCHAFTS- UND SOZIALKUNDE

Name, Vorname: ___*Lösung*___   Platzziffer: _____

	a	b	c	d	Korr.	
1				X		1
2			X			2
3		X				3
4	X					4
5	X					5
6		X				6
7	X					7
8			X			8
9	X					9
10	X					10
11		X				11
12	X					12
13	X					13
14				X		14
15				X		15
16				X		16
17		X				17
18			X			18
19		X				19
20			X			20
21			X			21
22	X					22
23				X		23
24		X				24
25			X			25
	a	b	c	d	Korr.	

Wirtschafts- und Sozialkunde

Offene Aufgaben, 25 Punkte
Bearbeitungszeit: 30 Minuten

Lesen Sie die Fragen genau durch und beantworten Sie diese dann möglichst sachlich und stichwortartig.

Es wird nicht die sprachliche Leistung, sondern die Richtigkeit des Inhalts bewertet. Antworten Sie so ausführlich wie nötig, aber so kurz wie möglich.

Prüfung 4

1. Tarifverhandlungen finden ständig statt.
   a) Wie heißen die beiden Sozialpartner, die miteinander verhandeln? (2 Punkte)

   b) Welche beiden Tarifverträge können ausgehandelt werden? (2 Punkte)

   c) Ergänzen Sie die Lücken im Text zum Ablauf einer Tarifverhandlung. (4 Punkte)

   Arbeitgeberverbände und Gewerkschaften verhandeln. Die Verhandlungen scheitern

   und ein _____ wird eingesetzt. Die Schlichtungsverhandlungen scheitern.

   In einer Urabstimmung der Gewerkschaften wird der _____ beschlossen.

   Die Arbeitgeber reagieren mit _____. Die Verhandlungen

   werden wieder aufgenommen. Die Tarifpartner einigen sich und in einer zweiten

   _____ wird über die Verhandlungsergebnisse abgestimmt.

   Der neue Tarifvertrag ist gültig.

   d) Erklären Sie den Begriff Tarifautonomie. (3 Punkte)

2. Wir leben heute in einer Sozialen Marktwirtschaft, in der jeder, der unverschuldet in Not gerät, vom sozialen Netz aufgefangen wird.
   a) Wer ist Träger der Unfallversicherung im Friseurhandwerk? (2 Punkte)

WIRTSCHAFTS- UND SOZIALKUNDE · LÖSUNGEN

1. Tarifverhandlungen finden ständig statt.

   a) Wie heißen die beiden Sozialpartner, die miteinander verhandeln? (2 Punkte)

   Gewerkschaften

   Arbeitgeberverbände

   b) Welche beiden Tarifverträge können ausgehandelt werden? (2 Punkte)

   Manteltarifvertrag

   Lohntarifvertrag/Entgelttarifvertrag

   c) Ergänzen Sie die Lücken im Text zum Ablauf einer Tarifverhandlung. (4 Punkte)

   Arbeitgeberverbände und Gewerkschaften verhandeln. Die Verhandlungen scheitern und ein *Schlichter* wird eingesetzt. Die Schlichtungsverhandlungen scheitern. In einer Urabstimmung der Gewerkschaften wird der *Streik* beschlossen. Die Arbeitgeber reagieren mit *Aussperrung*. Die Verhandlungen werden wieder aufgenommen. Die Tarifpartner einigen sich und in einer zweiten *Urabstimmung* wird über die Verhandlungsergebnisse abgestimmt. Der neue Tarifvertrag ist gültig.

   d) Erklären Sie den Begriff Tarifautonomie. (3 Punkte)

   Tarifautonomie bedeutet, dass die beiden Sozialpartner ohne Einfluss des Staates (1 Punkt) *selbstständig* (1 Punkt) *und eigenverantwortlich* (1 Punkt) *verhandeln dürfen.*

2. Wir leben heute in einer Sozialen Marktwirtschaft, in der jeder, der unverschuldet in Not gerät, vom sozialen Netz aufgefangen wird.

   a) Wer ist Träger der Unfallversicherung im Friseurhandwerk? (2 Punkte)

   Berufsgenossenschaft (1 Punkt) *für Gesundheitsdienst und Wohlfahrtspflege* (1 Punkt),

   BGW (2 Punkte)

b) Wer muss die Beiträge dafür bezahlen? (1 Punkt)

c) Wovon hängt die Höhe der Unfallversicherung ab? (2 Punkte)

d) Benennen Sie zwei weitere der fünf gesetzlichen Sozialversicherungen. (2 Punkte)

e) Bei welcher Sozialversicherung müssen Versicherte ohne Kinder mehr Beiträge bezahlen, als Versicherte, die Kinder haben. Begründen Sie Ihre Antwort. (3 Punkte)

3. Eine Firma liefert die falsche Farbe. Frau Schuster ist verärgert und beschließt die gesamte Lieferung kommentarlos zurückzuschicken und die Rechnung nicht zu bezahlen. Beurteilen Sie die Situation. (4 Punkte)

Wirtschafts- und Sozialkunde · Lösungen

b) Wer muss die Beiträge dafür bezahlen? (1 Punkt)

Arbeitgeber

c) Wovon hängt die Höhe der Unfallversicherung ab? (2 Punkte)

Gefahrenklasse/Gefährlichkeit des Berufes (1 Punkt)

Betriebsgröße/Lohnsumme/Anzahl der Arbeitnehmer (1 Punkt)

d) Benennen Sie zwei weitere der fünf gesetzlichen Sozialversicherungen. (2 Punkte)

z. B. Krankenversicherung, Pflegeversicherung

z. B. Rentenversicherung, Arbeitslosenversicherung

e) Bei welcher Sozialversicherung müssen Versicherte ohne Kinder mehr Beiträge bezahlen, als Versicherte, die Kinder haben. Begründen Sie Ihre Antwort. (3 Punkte)

Pflegeversicherung: Da die Menschen immer älter, aber immer weniger Kinder

geboren werden, wird die Zahl der pflegebedürftigen Menschen immer größer,

die Zahl der sozialversicherungspflichtig Beschäftigten aber immer geringer.

3. Eine Firma liefert die falsche Farbe. Frau Schuster ist verärgert und beschließt die gesamte Lieferung kommentarlos zurückzuschicken und die Rechnung nicht zu bezahlen. Beurteilen Sie die Situation. (4 Punkte)

z. B. Eine fehlerhafte Lieferung ist kein Grund, den Vertrag zu kündigen.

Dem Lieferanten muss die Möglichkeit der Nachbesserung gegeben werden.

z. B. Erst wenn die Nacherfüllung scheitern sollte, ist der Lieferant seiner

Vertragsverpflichtung, ordnungsgemäß zu liefern, nicht nachgekommen

und der Vertrag scheitert.

Prüfung 5

Schriftliche Aufgabenstellungen zu
- **Betriebsorganisation und Kundenmanagement**
- **Friseurtechniken**
- **Wirtschafts- und Sozialkunde**

*Bei den vorgegebenen Lösungen handelt es sich um Lösungsvorschläge.
Deshalb sind auch andere Lösungen zu akzeptieren.*

Beantworten Sie die Fragen mit eigenen Worten auf den vorgegebenen Zeilen!
Bei Platzmangel benutzen Sie bitte eigene Blätter unter Angabe der Ziffer der Aufgabe!

1. Der Salon „Haar Exklusiv" befindet sich mitten in einer Großstadt. Der Salon ist hochwertig eingerichtet. Der Service des Salons ist hervorragend und die Mitarbeiter müssen sich immer wieder auf Kunden mit exklusiven Ansprüchen einstellen.

    a) Geben Sie die Kundengruppe, die der Saloninhaber bevorzugt ansprechen möchte, mit zwei Merkmalen an. (2 Punkte)

    b) Beschreiben Sie die Salonphilosophie in Bezug auf die Erstellung von Dienstleistungen. (2 Punkte)

    c) Markieren Sie in der folgenden Auflistung das Salonkonzept, dem „Haar Exklusiv" zugeordnet werden kann. (1 Punkt)
    - ❏ Mobiler Friseur
    - ❏ Klassischer Friseursalon
    - ❏ Discountbereich
    - ❏ Premium-Segment

    d) Die Mitarbeiter von „Haar Exklusiv" müssen überdurchschnittliche soziale Kompetenzen haben. Markieren Sie in der folgenden Auflistung die drei Merkmale der sozialen Kompetenz. (3 Punkte)
    - ❏ Perfekter Umgang mit dem Computer
    - ❏ Ausgezeichnete Umgangsformen
    - ❏ Kooperationsfähigkeit im Team
    - ❏ Gute Sozialkundekenntnisse
    - ❏ Aufgeschlossenheit
    - ❏ Neue Haarschneidetechniken

    e) Im Salon „Haar Exklusiv" ist eine Rezeptionistin beschäftigt. Zählen Sie zwei typische Aufgaben dieser Mitarbeiterin auf. (2 Punkte)

BETRIEBSORGANISATION UND KUNDENMANAGEMENT · LÖSUNGEN

1. Der Salon „Haar Exklusiv" befindet sich mitten in einer Großstadt. Der Salon ist hochwertig eingerichtet. Der Service des Salons ist hervorragend und die Mitarbeiter müssen sich immer wieder auf Kunden mit exklusiven Ansprüchen einstellen.

   a) Geben Sie die Kundengruppe, die der Saloninhaber bevorzugt ansprechen möchte, mit zwei Merkmalen an. (2 Punkte)

   z. B. Er wendet sich an anspruchsvolle Kunden.

   z. B. Er möchte vor allen Dingen zahlungskräftige Kunden ansprechen.

   b) Beschreiben Sie die Salonphilosophie in Bezug auf die Erstellung von Dienstleistungen. (2 Punkte)

   z. B. Für die Dienstleistungen arbeiten die Mitarbeiter mit neuen Techniken.

   z. B. Für die ausführliche Frisurenberatung nehmen sich die Mitarbeiter viel Zeit.

   z. B. Sie verwenden hochwertige Produkte.

   z. B. Die Kundenbetreuung hat bei jedem Arbeitsschritt eine große Bedeutung.

   c) Markieren Sie in der folgenden Auflistung das Salonkonzept, dem „Haar Exklusiv" zugeordnet werden kann. (1 Punkt)
   - ❏ Mobiler Friseur
   - ❏ Klassischer Friseursalon
   - ❏ Discountbereich
   - *X* Premium-Segment

   d) Die Mitarbeiter von „Haar Exklusiv" müssen überdurchschnittliche soziale Kompetenzen haben. Markieren Sie in der folgenden Auflistung die drei Merkmale der sozialen Kompetenz. (3 Punkte)
   - ❏ Perfekter Umgang mit dem Computer
   - *X* Ausgezeichnete Umgangsformen
   - *X* Kooperationsfähigkeit im Team
   - ❏ Gute Sozialkundekenntnisse
   - *X* Aufgeschlossenheit
   - ❏ Neue Haarschneidetechniken

   e) Im Salon „Haar Exklusiv" ist eine Rezeptionistin beschäftigt. Zählen Sie zwei typische Aufgaben dieser Mitarbeiterin auf. (2 Punkte)

   z. B. Eine Rezeptionistin begrüßt, betreut und verabschiedet die Kunden.

   z. B. Sie vereinbart die Termine und nimmt Telefongespräche entgegen.

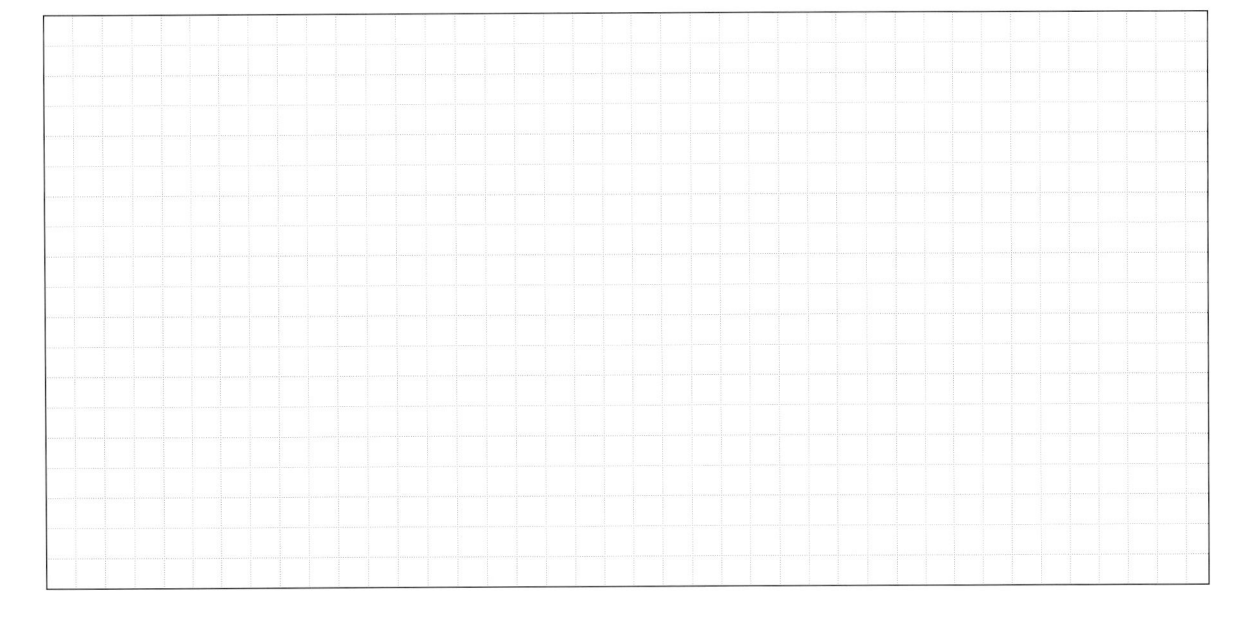

f) Im Salon „Haar Exklusiv" werden Produkte ausschließlich über das Bedienungssystem verkauft. Beschreiben Sie diese Form des Warenverkaufs. (2 Punkte)

g) Das Bedienungssystem hat Nachteile. Nennen Sie zwei. (2 Punkte)

2. Der Inhaber von „Haar Exklusiv" hat sich entschieden, eine neue Pflegeserie für Haar und Kopfhaut in sein Sortiment aufzunehmen.

   a) Ein Großhändler bietet eine Haarkur zum Listenpreis von 16,00 Euro an.
   Der Inhaber des Salons plant, von den 5 verschiedenen Haarkuren je 20 Stück zu bestellen. Kalkulieren Sie den Bezugspreis für eine Haarkur, wenn der Großhändler einen Rabatt von 15 % gewährt. Es fallen Bezugskosten in Höhe von 9,00 Euro an. Geben Sie das Kalkulationsschema und die Nebenrechnungen an. (7 Punkte)

Betriebsorganisation und Kundenmanagement · Lösungen

f) Im Salon „Haar Exklusiv" werden Produkte ausschließlich über das Bedienungssystem verkauft. Beschreiben Sie diese Form des Warenverkaufs. (2 Punkte)

z. B. Die Mitarbeiter stellen den Kunden die Produkte vor und erläutern deren Eigenschaften.

Der Kunde erhält die Produkte von einem Mitarbeiter.

g) Das Bedienungssystem hat Nachteile. Nennen Sie zwei. (2 Punkte)

z. B. Personalintensiv; z. B. Zeitaufwendig;

z. B. Geringere Wahrscheinlichkeit für Spontankäufe

2. Der Inhaber von „Haar Exklusiv" hat sich entschieden, eine neue Pflegeserie für Haar und Kopfhaut in sein Sortiment aufzunehmen.

a) Ein Großhändler bietet eine Haarkur zum Listenpreis von 16,00 Euro an.
Der Inhaber des Salons plant, von den 5 verschiedenen Haarkuren je 20 Stück zu bestellen. Kalkulieren Sie den Bezugspreis für eine Haarkur, wenn der Großhändler einen Rabatt von 15 % gewährt. Es fallen Bezugskosten in Höhe von 9,00 Euro an. Geben Sie das Kalkulationsschema und die Nebenrechnungen an. (7 Punkte)

Listenpreis (5 · 20 · 16,00 €)	=	*1.600,00 €* (1 Punkt)
– 15 % Rabatt (1.600 € : 100 % · 15 %)	=	*240,00 €* (1 Punkt)
Rechnungspreis	=	*1.360,00 €* (1 Punkt)
+ Bezugskosten	=	*9,00 €*
Bezugspreis	=	*1.369,00 €* (1 Punkt)
Jede Haarkur kostet 1.369,00 € : 100	=	*13,69 €* (1 Punkt)

1 Punkt für die Nebenrechnungen

1 Punkt für das Kalkulationsschema

Anmerkung für die Prüfer: Folgefehler sind zu berücksichtigen

b) Als langjähriger guter Kunde kann der Saloninhaber die gleichen Haarkuren jedoch für einen Bezugspreis von 13,00 € direkt vom Hersteller erhalten.
Ermitteln Sie den Bruttoverkaufspreis für eine Haarkur, wenn mit einem Handlungskostenzuschlag von 25 %, einem Zuschlag für Gewinn und Risiko in Höhe von 20 % sowie der gesetzlichen Mehrwertsteuer kalkuliert wird. Geben Sie das Kalkulationsschema und die Nebenrechnungen an. (8 Punkte)

c) Der Saloninhaber möchte die neue Pflegeserie unter seinen Kunden bekannt machen. Formulieren Sie zwei Vorschläge, wie dies gelingen kann. (4 Punkte)

___

___

___

___

d) Nach dem Einkauf muss der Saloninhaber die Waren bis zum Verkauf lagern. Markieren Sie die Aussagen, die auf ein großes Warenlager zutreffen. (2 Punkte)

- ❏ Die Bezugskosten sind im Regelfall geringer.
- ❏ Es ist wenig Kapital gebunden.
- ❏ Die Lagerkosten sind niedrig.
- ❏ Der Saloninhaber ist flexibel und kann sich schnell an Trends anpassen.
- ❏ Auch bei unerwarteten Umsätzen ist immer Ware vorhanden.

b) Als langjähriger guter Kunde kann der Saloninhaber die gleichen Haarkuren jedoch für einen Bezugspreis von 13,00 € direkt vom Hersteller erhalten.
Ermitteln Sie den Bruttoverkaufspreis für eine Haarkur, wenn mit einem Handlungskostenzuschlag von 25 %, einem Zuschlag für Gewinn und Risiko in Höhe von 20 % sowie der gesetzlichen Mehrwertsteuer kalkuliert wird. Geben Sie das Kalkulationsschema und die Nebenrechnungen an. (8 Punkte)

Bezugspreis	=	*13,00 €*	
+ 25 % Handlungskosten (13,00 € : 100 % · 25 %)	=	*3,25 €*	(1 Punkt)
Selbstkosten	=	*16,25 €*	(1 Punkt)
+ 20 % Gewinn und Risiko (16,25 € : 100 % · 20 %)	=	*3,25 €*	(1 Punkt)
Nettoverkaufspreis	=	*19,50 €*	(1 Punkt)
+ 19 % Mehrwertsteuer (19,50 € : 100 % · 19 %)	=	*3,71 €*	(1 Punkt)
Bruttoverkaufspreis	=	*23,21 €*	(1 Punkt)

1 Punkt für das Schema

1 Punkt für Nebenrechnungen

Anmerkung für die Prüfer: Folgefehler sind zu berücksichtigen

c) Der Saloninhaber möchte die neue Pflegeserie unter seinen Kunden bekannt machen. Formulieren Sie zwei Vorschläge, wie dies gelingen kann. (4 Punkte)

z. B. Er kann seine Mitarbeiter anweisen, die neuen Präparate bei jeder Beratung

anzupreisen/bei der Behandlung zu verwenden.

z. B. Er kann seinen Kunden kostenlose Warenproben mitgeben.

z. B. Er kann die Produkte in einer Aktion zu einem Einführungspreis anbieten.

d) Nach dem Einkauf muss der Saloninhaber die Waren bis zum Verkauf lagern. Markieren Sie die Aussagen, die auf ein großes Warenlager zutreffen. (2 Punkte)

- [X] Die Bezugskosten sind im Regelfall geringer.
- [ ] Es ist wenig Kapital gebunden.
- [ ] Die Lagerkosten sind niedrig.
- [ ] Der Saloninhaber ist flexibel und kann sich schnell an Trends anpassen.
- [X] Auch bei unerwarteten Umsätzen ist immer Ware vorhanden.

e) Listen Sie drei Maßnahmen der sachgerechten Lagerung von Verkaufswaren auf. (3 Punkte)

3. Im Salon „Haar Exklusiv" wird jährlich am 30. Dezember eine körperliche Inventur durchgeführt.
   a) Was versteht man unter der körperlichen Inventur? (2 Punkte)

   b) Nennen Sie drei verschiedene Gegenstände des Friseurbetriebes, die in die Inventurliste eingetragen werden. (3 Punkte)

   c) Ordnen Sie den folgenden Arten der Inventur den jeweils passenden Zeitraum für die körperliche Inventur zu. (3 Punkte)

Inventurart	Buchstabe		Zeitraum
Permanente Inventur	_____	A	Drei Monate vor bis zwei Monate nach dem Stichtag
Stichtagsinventur	_____	B	Keine Vorgaben
Verlegte Inventur	_____	C	10 Tage vor bis 10 Tage nach dem Stichtag

4. Der Inhaber von „Haar Exklusiv" plant Werbung zu machen.
   a) Erfolgreiche Werbung erkennt man daran, dass sie alle Kennzeichen der AIDA-Formel erfüllt. Wofür stehen diese vier Buchstaben? (4 Punkte)

   A _____

   I _____

   D _____

   A _____

BETRIEBSORGANISATION UND KUNDENMANAGEMENT · LÖSUNGEN

e) Listen Sie drei Maßnahmen der sachgerechten Lagerung von Verkaufswaren auf. (3 Punkte)

z. B. Ware nicht unter direkter Sonneneinstrahlung lagern.

z. B. Ware kühl lagern. Ware nicht in Räumen mit hoher Luftfeuchtigkeit lagern.

z. B. Rotationsprinzip: Neue Ware nach hinten, ältere nach vorne

z. B. Ware staubfrei halten

3. Im Salon „Haar Exklusiv" wird jährlich am 30. Dezember eine körperliche Inventur durchgeführt.

   a) Was versteht man unter der körperlichen Inventur? (2 Punkte)

   z. B. Bestandsaufnahme aller Vermögensgegenstände

   z. B. Bestandsaufnahme aller Vermögensteile nach Art, Menge und Wert

   b) Nennen Sie drei verschiedene Gegenstände des Friseurbetriebes, die in die Inventurliste eingetragen werden. (3 Punkte)

   z. B. Alle Produkte, Einrichtungsgegenstände, Maschinen, Geräte, Bargeld, …

   c) Ordnen Sie den folgenden Arten der Inventur den jeweils passenden Zeitraum für die körperliche Inventur zu. (3 Punkte)

Inventurart	Buchstabe		Zeitraum
Permanente Inventur	*B*	A	Drei Monate vor bis zwei Monate nach dem Stichtag
Stichtagsinventur	*C*	B	Keine Vorgaben
Verlegte Inventur	*A*	C	10 Tage vor bis 10 Tage nach dem Stichtag

4. Der Inhaber von „Haar Exklusiv" plant Werbung zu machen.

   a) Erfolgreiche Werbung erkennt man daran, dass sie alle Kennzeichen der AIDA-Formel erfüllt. Wofür stehen diese vier Buchstaben? (4 Punkte)

   A *Attention oder Aufmerksamkeit erregen*

   I *Interest oder Interesse wecken*

   D *Desire oder Drang auslösen, Kaufbedürfnis wecken*

   A *Action oder Aktion hervorrufen, Kaufhandlung auslösen*

b) Bislang hat der Salon „Haar Exklusiv" ausschließlich über Mundpropaganda Werbung gemacht. Erklären Sie diese Werbestrategie. (2 Punkte)

c) Werbung über Mundpropaganda hat Vorteile und Nachteile. Nennen Sie einen Vorteil und einen Nachteil. (2 Punkte)

Vorteil: _____

Nachteil: _____

d) Der Inhaber von „Haar Exklusiv" möchte Neukunden gewinnen. Schlagen Sie ihm drei verschiedene Werbemaßnahmen vor. (3 Punkte)

e) Der Saloninhaber möchte durch Werbemaßnahmen aber auch die Stammkunden weiterhin an den Salon binden. Beschreiben Sie eine passende Werbemaßnahme. (2 Punkte)

f) Die Auszubildende im ersten Lehrjahr schlägt vor, der Salon „Haar Exklusiv" solle in der besten Sendezeit auf einem öffentlichen Fernsehsender einen Werbespot zeigen. Beurteilen Sie diesen Vorschlag. (2 Punkte)

5. Die Mitarbeiter des Salon Exklusiv verständigen sich untereinander und mit Kunden.

a) Nennen Sie den Fachbegriff für die Verständigung mit Worten. (1 Punkt)

BETRIEBSORGANISATION UND KUNDENMANAGEMENT · LÖSUNGEN

b) Bislang hat der Salon „Haar Exklusiv" ausschließlich über Mundpropaganda Werbung gemacht. Erklären Sie diese Werbestrategie. (2 Punkte)

z. B. Zufriedene Kunden berichten in ihrem Bekanntenkreis, dass sie in dem Salon waren. Dadurch werden andere Personen angesprochen, in den Salon zu gehen.

c) Werbung über Mundpropaganda hat Vorteile und Nachteile. Nennen Sie einen Vorteil und einen Nachteil. (2 Punkte)

Vorteil: *z. B. Mundpropaganda ist kostenlos, ehrlich, ...*

Nachteil: *z. B. Mundpropaganda kann aber nicht gesteuert werden, liegt nicht in der Hand des Inhabers*

d) Der Inhaber von „Haar Exklusiv" möchte Neukunden gewinnen. Schlagen Sie ihm drei verschiedene Werbemaßnahmen vor. (3 Punkte)

z. B. Er kann in der lokalen Tageszeitung Anzeigen schalten.

z. B. Er kann eine Buslinie/Straßenbahn/Autos mit Werbefolie bekleben lassen.

z. B. Er kann einen Passantenstopper vor dem Salon aufstellen.

(Anm.: Alle sinnvollen Maßnahmen (außerhalb des Salons) bepunkten.)

e) Der Saloninhaber möchte durch Werbemaßnahmen aber auch die Stammkunden weiterhin an den Salon binden. Beschreiben Sie eine passende Werbemaßnahme. (2 Punkte)

z. B. Er versendet zu Geburtstagen eine Glückwunschkarte mit einem Gutschein für ein Glas Sekt/eine Gratisdienstleistung beim nächsten Friseurbesuch.

z. B. Bonussystem einführen (Anm.: Nur Maßnahmen für bestehende Kunden!)

f) Die Auszubildende im ersten Lehrjahr schlägt vor, der Salon „Haar Exklusiv" solle in der besten Sendezeit auf einem öffentlichen Fernsehsender einen Werbespot zeigen. Beurteilen Sie diesen Vorschlag. (2 Punkte)

z. B. Diese Art von Werbung spricht sehr viele Menschen in einem großen Gebiet an. Deshalb ist sie auch sehr teuer und wird den Werbeetat überschreiten.

5. Die Mitarbeiter des Salon Exklusiv verständigen sich untereinander und mit Kunden.

a) Nennen Sie den Fachbegriff für die Verständigung mit Worten. (1 Punkt)

Verbale Kommunikation

**b) Andere Formen der Verständigung kommen völlig ohne Worte aus. Ordnen Sie folgende
Handlungen den Bereichen zu.** (4 Punkte)

Bereich	Buchstabe	Handlung
Mimik	_____	A Der Geselle winkt dem Auszubildenden.
Gestik	_____	B Der Auszubildende geht auf den Kunden zu.
Distanz	_____	C Der Geselle hält den Kopf beim Zuhören leicht schräg.
Haltung	_____	D Der Auszubildende lächelt den Kunden an.

**c) Sie empfehlen einem Kunden ein Shampoo. Nennen Sie drei Beispiele der Körpersprache,
durch die der Kunde seine Abneigung ausdrückt.** (3 Punkte)

**d) Sie wissen, dass das Shampoo für den Kunden bestens geeignet ist und wollen
ihn mithilfe von Sprache oder Körpersprache überzeugen.
Beschreiben Sie Ihr Vorgehen.** (2 Punkte)

Betriebsorganisation und Kundenmanagement · Lösungen

b) Andere Formen der Verständigung kommen völlig ohne Worte aus. Ordnen Sie folgende Handlungen den Bereichen zu. (4 Punkte)

Bereich	Buchstabe		Handlung
Mimik	*D*	A	Der Geselle winkt dem Auszubildenden.
Gestik	*A*	B	Der Auszubildende geht auf den Kunden zu.
Distanz	*B*	C	Der Geselle hält den Kopf beim Zuhören leicht schräg.
Haltung	*C*	D	Der Auszubildende lächelt den Kunden an.

c) Sie empfehlen einem Kunden ein Shampoo. Nennen Sie drei Beispiele der Körpersprache, durch die der Kunde seine Abneigung ausdrückt. (3 Punkte)

z. B. Er rümpft die Nase. z. B. Er runzelt die Stirne.

z. B. Er verzieht die Mundwinkel nach unten. z. B. Er lehnt sich zurück.

z. B. Er schüttelt den Kopf. z. B. Er zieht die Augenbrauen zusammen.

d) Sie wissen, dass das Shampoo für den Kunden bestens geeignet ist und wollen ihn mithilfe von Sprache oder Körpersprache überzeugen.
Beschreiben Sie Ihr Vorgehen. (2 Punkte)

z. B. Ich lächle den Kunden freundlich an.

z. B. Ich spreche langsam und ruhig. z. B. Ich formuliere überzeugende Argumente.

z. B. Ich stelle offene Fragen und gebe dem Kunden Zeit zu antworten.

z. B. Ich zeige dem Kunden das Shampoo und gebe es ihm in die Hand.

e) Eine Gesellin sagt zur Auszubildenden im dritten Lehrjahr: „Am zweiten Waschbecken sind immer noch Farbreste, nachdem es von Ihnen gereinigt wurde." Analysieren Sie diese Aussage aus Sicht der Auszubildenden nach dem erweiterten Kommunikationsmodell (Vier-Ohren-Modell), indem Sie die vier Seiten der Nachricht benennen und deuten. (8 Punkte)

f) Ordnen Sie folgende Fragen der entsprechenden Frageart zu. Notieren Sie dazu den passenden Buchstaben auf die Zeile. (4 Punkte)

Frageart	Buchstabe		Frage
Offene Frage	_____	A	„Wie gefällt Ihnen Ihre neue Frisur?"
Suggestivfrage	_____	B	„Kommen Sie bitte mit zur Kasse?"
Rhetorische Frage	_____	C	„Sie möchten doch sicher einen Folgetermin?"
Entscheidungsfrage	_____	D	„Zahlen Sie bar oder mit EC-Karte?"

Betriebsorganisation und Kundenmanagement · Lösungen

e) Eine Gesellin sagt zur Auszubildenden im dritten Lehrjahr: „Am zweiten Waschbecken sind immer noch Farbreste, nachdem es von Ihnen gereinigt wurde." Analysieren Sie diese Aussage aus Sicht der Auszubildenden nach dem erweiterten Kommunikationsmodell (Vier-Ohren-Modell), indem Sie die vier Seiten der Nachricht benennen und deuten. (8 Punkte)

Sachinhalt:

z. B. Es sind Farbreste am Waschbecken.

Selbstoffenbarung:

z. B. Die Gesellin ärgert sich über mich und meine Arbeitsweise.

z. B. Ich kann es der Gesellin nie Recht machen,

Beziehung:

z. B. Die Gesellin ist mit meiner Arbeitsweise unzufrieden, findet mich nicht

ordentlich, maßregelt mich. Sie mag mich nicht.

Appell:

z. B. Ich soll das Waschbecken jetzt bzw. zukünftig gründlich reinigen.

f) Ordnen Sie folgende Fragen der entsprechenden Frageart zu. Notieren Sie dazu den passenden Buchstaben auf die Zeile. (4 Punkte)

Frageart	Buchstabe		Frage
Offene Frage	*A*	A	„Wie gefällt Ihnen Ihre neue Frisur?"
Suggestivfrage	*C*	B	„Kommen Sie bitte mit zur Kasse?"
Rhetorische Frage	*B*	C	„Sie möchten doch sicher einen Folgetermin?"
Entscheidungsfrage	*D*	D	„Zahlen Sie bar oder mit EC-Karte?"

BETRIEBSORGANISATION UND KUNDENMANAGEMENT · AUFGABEN

6. Die Arbeit im Friseursalon kann für die Mitarbeiter körperlich anstrengend und belastend sein.

   a) Friseur/Friseurin ist ein sogenannter Stehberuf. Zählen Sie zwei Probleme oder Krankheiten auf, die dies mit sich bringen kann. (2 Punkte)

   b) Nennen Sie drei Maßnahmen, durch die Friseure gesund bleiben können, obwohl sie in einem Stehberuf arbeiten. (3 Punkte)

   c) Probleme mit den Händen können über ergonomisch geformte Scheren verhindert werden. Erklären Sie den Begriff Ergonomie am Beispiel der Haarschneideschere. (2 Punkte)

   d) Wer ist zuständig, wenn ein Friseur trotz aller Vorsichtsmaßnahmen einen Arbeitsunfall hat? (1 Punkt)

7. Der Friseurberuf hat eine lange Tradition.

   a) Nennen Sie zwei Berufe, die als Vorläufer der heutigen Friseure zählen. (2 Punkte)

   b) An welchem Zunftzeichen erkennen Sie einen traditionsbewussten Friseurbetrieb? (1 Punkt)

Prüfung 5

BETRIEBSORGANISATION UND KUNDENMANAGEMENT · LÖSUNGEN

6. Die Arbeit im Friseursalon kann für die Mitarbeiter körperlich anstrengend und belastend sein.

   a) Friseur/Friseurin ist ein sogenannter Stehberuf. Zählen Sie zwei Probleme oder Krankheiten auf, die dies mit sich bringen kann. (2 Punkte)

   z. B. Friseure sind den ganzen Tag auf den Beinen und haben am Abend häufig Schmerzen in den Füßen, Beinen, Rücken, ...

   z. B. Daraus entwickeln sich langfristig Fußverbildungen (Plattfüße, ...), aber auch Krampfadern oder Rückenprobleme (Verspannungen, Bandscheibenvorfälle)

   b) Nennen Sie drei Maßnahmen, durch die Friseure gesund bleiben können, obwohl sie in einem Stehberuf arbeiten. (3 Punkte)

   z. B. Sie können im Salon Stehhilfen oder Schneidehocker verwenden.

   z. B. Sie können geeignetes Schuhwerk tragen.

   z. B. Sie können die Schuhe im Laufe des Tages mehrfach wechseln.

   z. B. Sie können in der Freizeit Ausgleichssport/Fußbäder machen.

   c) Probleme mit den Händen können über ergonomisch geformte Scheren verhindert werden. Erklären Sie den Begriff Ergonomie am Beispiel der Haarschneideschere. (2 Punkte)

   z. B. Die Haarschneideschere ist so geformt, dass sie dem natürlichen Aufbau und den Bewegungen der Hand entspricht.

   z. B. Die Augen der Schere sind nicht symmetrisch, das Daumenauge ist beweglich, die Größe ist der Handgröße des Benutzers angepasst, ...

   d) Wer ist zuständig, wenn ein Friseur trotz aller Vorsichtsmaßnahmen einen Arbeitsunfall hat? (1 Punkt)

   z. B. Berufsgenossenschaft BGW, Gesetzliche Unfallversicherung, ...

7. Der Friseurberuf hat eine lange Tradition.

   a) Nennen Sie zwei Berufe, die als Vorläufer der heutigen Friseure zählen. (2 Punkte)

   z. B. Bader, Barbier, Perückenmacher, ...

   b) An welchem Zunftzeichen erkennen Sie einen traditionsbewussten Friseurbetrieb? (1 Punkt)

   z. B. Baderscheibe/Becken/Metallteller

c) **Ordnen Sie den genannten historischen Persönlichkeiten aus dem Friseurbereich die entsprechende Erfindung zu.** (4 Punkte)

Persönlichkeit	Buchstabe		Erfindung
Marcel Grateau	_____	A	Geometrischer Haarschnitt
Josef Mayer	_____	B	Ondulation
Vidal Sassoon	_____	C	Flachwellwicklung
Karl Nessler	_____	D	Dauerwelle

d) **Während des Barock und des Rokoko waren die Friseure hoch angesehene Persönlichkeiten. Begründen Sie diese Tatsache.** (2 Punkte)

_____

_____

_____

_____

Betriebsorganisation und Kundenmanagement · Lösungen

c) Ordnen Sie den genannten historischen Persönlichkeiten aus dem Friseurbereich die entsprechende Erfindung zu. (4 Punkte)

Persönlichkeit	Buchstabe		Erfindung
Marcel Grateau	*B*	A	Geometrischer Haarschnitt
Josef Mayer	*C*	B	Ondulation
Vidal Sassoon	*A*	C	Flachwellwicklung
Karl Nessler	*D*	D	Dauerwelle

d) Während des Barock und des Rokoko waren die Friseure hoch angesehene Persönlichkeiten. Begründen Sie diese Tatsache. (2 Punkte)

z. B. In dieser Zeit trug man aufwendige Frisuren, zu deren Erstellung man viel handwerkliches Können benötigte.

FRISEURTECHNIKEN · AUFGABEN

Eine Neukundin kommt zu Ihnen in den Salon. Sie möchte sich modischer und trendbewusster kleiden. Dazu gehören für sie natürlich auch eine neue Frisur und das optimale Make-up. Deshalb wünscht sie sich nun eine umfassende Typberatung.

1. Der Haarschnitt der Kundin ist herausgewachsen und die Haare sind insgesamt sehr lang. Bevor Sie ihr einen neuen Schnitt empfehlen, müssen Sie wichtige Merkmale der Haare beachten.

    a) Nennen Sie vier Merkmale, die zu beachten sind. (4 Punkte)

    b) Kreuzen Sie die beiden Punkte an, die Sie noch für die Typberatung ermitteln müssen! (2 Punkte)

Alter	Lieblingsfarbe	Wohnort	Proportionen	Familienstand
❏	❏	❏	❏	❏

    c) Zählen Sie drei Medien auf, mit denen Sie Ihre Frisurenberatung für die Kundin anschaulicher gestalten können. (3 Punkte)

2. Sie haben sich gemeinsam auf eine gestufte, schulterlange Frisur geeinigt. Die Frisur soll durch eine Farbbehandlung noch unterstrichen werden. Bisher hat die Kundin platinblonde Strähnchen in dem ansonsten natürlich dunkelblonden Haar.

    a) Bei der Bestimmung des Farbtyps stellen Sie fest, dass die Kundin rehbraune Augen und eine Haut mit einem goldenen Unterton und Sommersprossen hat. Geben Sie den Farbtyp Ihrer Kundin an. (1 Punkt)

Prüfung 5

FRISEURTECHNIKEN · LÖSUNGEN

Eine Neukundin kommt zu Ihnen in den Salon. Sie möchte sich modischer und trendbewusster kleiden. Dazu gehören für sie natürlich auch eine neue Frisur und das optimale Make-up. Deshalb wünscht sie sich nun eine umfassende Typberatung.

1. Der Haarschnitt der Kundin ist herausgewachsen und die Haare sind insgesamt sehr lang. Bevor Sie ihr einen neuen Schnitt empfehlen, müssen Sie wichtige Merkmale der Haare beachten.

    a) Nennen Sie vier Merkmale, die zu beachten sind. (4 Punkte)

    z. B. Wirbel, z. B. Fallrichtung

    z. B. Scheitel, z. B. Haarstärke

    z. B. Haarqualität, z. B. glatt oder gewellt

    z. B. Haardichte

    b) Kreuzen Sie die beiden Punkte an, die Sie noch für die Typberatung ermitteln müssen! (2 Punkte)

Alter	Lieblingsfarbe	Wohnort	Proportionen	Familienstand
X	❏	❏	*X*	❏

    c) Zählen Sie drei Medien auf, mit denen Sie Ihre Frisurenberatung für die Kundin anschaulicher gestalten können. (3 Punkte)

    z. B. Fachzeitschriften, z. B. Modezeitschriften

    z. B. Frisurenkataloge, z. B. Computer/-Programme

    z. B. Poster, z. B. Internet

2. Sie haben sich gemeinsam auf eine gestufte, schulterlange Frisur geeinigt. Die Frisur soll durch eine Farbbehandlung noch unterstrichen werden. Bisher hat die Kundin platinblonde Strähnchen in dem ansonsten natürlich dunkelblonden Haar.

    a) Bei der Bestimmung des Farbtyps stellen Sie fest, dass die Kundin rehbraune Augen und eine Haut mit einem goldenen Unterton und Sommersprossen hat. Geben Sie den Farbtyp Ihrer Kundin an. (1 Punkt)

    warm, farbintensiv (Herbsttyp)

b) **Entscheiden Sie, ob die platinblonden Strähnchen zu dem Farbtyp passen und begründen Sie Ihre Aussage.** (3 Punkte)

___

___

___

___

c) **Eine falsche Farbwahl hat Auswirkungen auf das Aussehen. Kreuzen Sie an, welche Aussage stimmt bzw. nicht stimmt.** (5 Punkte)

Auswirkung	stimmt	stimmt nicht
Die Haut wird strahlender.	❏	❏
Unreinheiten fallen stärker auf.	❏	❏
Die Augenfarbe wirkt blass.	❏	❏
Falten und Linien werden abgeschwächt.	❏	❏
Augenschatten werden betont.	❏	❏

3. **Die natürliche Haarfarbe soll durch eine oxidative Haarfarbe verändert werden.**

   a) **Benennen Sie die beiden natürlichen Pigmente, die sich im Haarkeratin befinden und deren Unterschiede.** (6 Punkte)

___

___

___

___

___

___

   b) **Die Palette der farblichen Veränderungen ist groß. Vervollständigen Sie die Tabelle mit den Unterscheidungen.** (6 Punkte)

Fachbegriff	Färbepräparat	Haltbarkeit
		1–2 Haarwäschen
	Tönungspräparat	
Permanente Farbveränderung		

FRISEURTECHNIKEN · LÖSUNGEN

b) Entscheiden Sie, ob die platinblonden Strähnchen zu dem Farbtyp passen und begründen Sie Ihre Aussage. (3 Punkte)

Nein, die platinblonden Strähnchen passen nicht (1 Punkt).

z. B. Der Herbsttyp ist ein warmer Farbtyp, bei dem das kühle (1 Punkt)

Platinblond nicht harmoniert (1 Punkt).

c) Eine falsche Farbwahl hat Auswirkungen auf das Aussehen. Kreuzen Sie an, welche Aussage stimmt bzw. nicht stimmt. (5 Punkte)

Auswirkung	stimmt	stimmt nicht
Die Haut wird strahlender.	☐	X
Unreinheiten fallen stärker auf.	X	☐
Die Augenfarbe wirkt blass.	X	☐
Falten und Linien werden abgeschwächt.	☐	X
Augenschatten werden betont.	X	☐

3. Die natürliche Haarfarbe soll durch eine oxidative Haarfarbe verändert werden.

a) Benennen Sie die beiden natürlichen Pigmente, die sich im Haarkeratin befinden und deren Unterschiede. (6 Punkte)

Eumelanin (1 Punkt) *= größeres* (1 Punkt)*, braun/schwarzes* (1 Punkt) *Pigment*

Phäomelanin (1 Punkt) *= kleineres* (1 Punkt)*, gelb/rotes* (1 Punkt) *Pigment*

b) Die Palette der farblichen Veränderungen ist groß. Vervollständigen Sie die Tabelle mit den Unterscheidungen. (6 Punkte)

Fachbegriff	Färbepräparat	Haltbarkeit
Temporäre Farbveränderung	*z. B. Tonspülung, Farbshampoo*	1–2 Haarwäschen
Semi-permanente Farbveränderung	Tönungspräparat	*Bis zu 8 Haarwäschen*
Permanente Farbveränderung	*Oxidative Farbe*	*Wächst heraus*

c) Sie möchten eine permanente Farbveränderung vornehmen und Ihre Kundin möchte wissen, weshalb diese am längsten hält. Tragen Sie die Unterschiede zwischen permanenten Haarfarben und Tönungspräparaten in die Tabelle ein. (4 Punkte)

	permanente Farbe	Tönung
Pigmentart		
Anlagerung		

d) Beschreiben Sie den chemischen Vorgang bei oxidativen Färbungen. (5 Punkte)

e) Abschließend erklären Sie Ihrer Kundin die Notwendigkeit und Wirkung einer Spülung nach der Farbbehandlung. (3 Punkte)

c) Sie möchten eine permanente Farbveränderung vornehmen und Ihre Kundin möchte wissen, weshalb diese am längsten hält. Tragen Sie die Unterschiede zwischen permanenten Haarfarben und Tönungspräparaten in die Tabelle ein. (4 Punkte)

	permanente Farbe	Tönung
Pigmentart	*Fertigfarbstoffe und Farbstoffvorstufen*	*nur Fertigfarbstoffe*
Anlagerung	*Farbe gelangt bis in die Faserschicht*	*Tönungen lagern sich an der Schuppenschicht an*

d) Beschreiben Sie den chemischen Vorgang bei oxidativen Färbungen. (5 Punkte)

Durch das Alkalisierungsmittel wird die Schuppenschicht geöffnet und das Haar gequollen (1 Punkt).

Außerdem neutralisiert das Alkalisierungsmittel die Stabilisierungssäure des Wasserstoffperoxids (1 Punkt).

Der dadurch frei gewordene aktive Sauerstoff verbindet die Farbstoffvorstufen mit den Kupplungskomponenten zu großen Farbmolekülen (1 Punkt).

Aufgrund der Größe können sie nicht mehr aus dem geschlossenen Haar fallen (Käfigwirkung) (1 Punkt).

Die bereits im Haar vorhandenen Pigmente werden durch den aktiven Sauerstoff aufgehellt (1 Punkt).

e) Abschließend erklären Sie Ihrer Kundin die Notwendigkeit und Wirkung einer Spülung nach der Farbbehandlung. (3 Punkte)

z. B. Spülungen sind sauer eingestellt (1 Punkt)*, wodurch sie auf das Haar adstringierend wirken* (1 Punkt)*. Die noch enthaltenen Alkalireste im Haar werden neutralisiert* (1 Punkt).

f) Zählen Sie drei Schutzmaßnahmen auf, die Sie für sich und Ihre Kundin bei einer Farbbehandlung ergreifen. (3 Punkte)

g) Für helle Strähnchen mischen Sie 10 ml Farbe mit 20 ml 9 %igem Wasserstoffperoxid. Berechnen Sie die Stärke des fertigen Farbbreis. (4 Punkte)

4. Die Kundin zeigt sich erfreut darüber, dass Sie keine Blondierung verwenden. Sie hatte schon gehört, dass diese die Haare besonders angreift.

a) Sie fragt Sie nun, in welchen Fällen eine Blondierung nötig ist. (2 Punkte)

FRISEURTECHNIKEN · LÖSUNGEN

f) Zählen Sie drei Schutzmaßnahmen auf, die Sie für sich und Ihre Kundin bei einer Farbbehandlung ergreifen. (3 Punkte)

z. B. Kleidung der Kundin durch Handtuch und Umhang schützen.

z. B. Beim Anmischen die Dämpfe nicht einatmen.

z. B. Handschuhe tragen beim Anmischen, Auftragen und Abspülen der Farbe.

z. B. Das Präparat in einer möglichst schonenden Stärke verwenden.

g) Für helle Strähnchen mischen Sie 10 ml Farbe mit 20 ml 9 %igem Wasserstoffperoxid. Berechnen Sie die Stärke des fertigen Farbbreis. (4 Punkte)

LM = 10 ml + 20 ml = 30 ml (1 Punkt)	*KM = 20 ml*	*KS = 9 %*	*LS = gesucht*
LS = KM · KS : LM (1 Punkt)	*LS = 20 ml · 9 % : 30 ml* (1 Punkt)		*LS = 6 %* (1 Punkt)
Alternativlösung mit Dreisatz: Lösungsmenge ausrechnen	*LM = 10 ml + 20 ml = 30 ml*		(1 Punkt)
Ansatz	*20 ml = 9 %* *30 ml = x*		(1 Punkt)
Rechenweg:	*20 ml · 9 % : 30 ml*		(1 Punkt)
Lösung:	*6 %*		(1 Punkt)

4. Die Kundin zeigt sich erfreut darüber, dass Sie keine Blondierung verwenden. Sie hatte schon gehört, dass diese die Haare besonders angreift.

   a) Sie fragt Sie nun, in welchen Fällen eine Blondierung nötig ist. (2 Punkte)

   Eine Blondierung wird verwendet, wenn man mehr als 3 Stufen heller gehen

   oder bereits gefärbtes Haar aufhellen möchte.

b) **Welchen Einfluss haben die nachfolgenden Faktoren auf das Blondierergebnis?** (4 Punkte)

Haarstärke: _____

Ausgangshaarfarbe: _____

Einwirkzeit: _____

Wärme: _____

c) **Vervollständigen Sie die Tabelle zu den Inhaltsstoffen und deren Wirkung bei der Blondierung.** (5 Punkte)

Inhaltsstoffe	Wirkung
Persulfate/Persalze	
	Erleichtern das Eindringen der Wirksubstanzen und ersparen den Waschvorgang
Pufferstoffe	
	Decken den Gelbrotstich ab
Verdickungsmittel	

FRISEURTECHNIKEN · LÖSUNGEN

b) Welchen Einfluss haben die nachfolgenden Faktoren auf das Blondierergebnis? (4 Punkte)

Haarstärke: *Bei feinem Haar ist das Ergebnis schneller erreicht als bei dickem Haar.*

Ausgangshaarfarbe: *z. B. Bei dunklem/rötlichem Haar benötigt man eine längere Einwirkzeit.*

Einwirkzeit: *Je länger die Einwirkzeit, desto stärker die Aufhellung.*

Wärme: *Sie beschleunigt die Reaktion, dadurch wird die Einwirkzeit verkürzt.*

c) Vervollständigen Sie die Tabelle zu den Inhaltsstoffen und deren Wirkung bei der Blondierung. (5 Punkte)

Inhaltsstoffe	Wirkung
Persulfate/Persalze	*Verstärken und verlängern den Aufhellungsprozess*
Netzmittel/Tenside	Erleichtern das Eindringen der Wirksubstanzen und ersparen den Waschvorgang
Pufferstoffe	*Halten den pH-Wert konstant*
Mattierstoffe/Blauviolette Farbstoffe	Decken den Gelbrotstich ab
Verdickungsmittel	*Erleichtern das Auftragen und verhindern das Ablaufen*

FRISEURTECHNIKEN · AUFGABEN

5. Die älteste Form der farblichen Veränderung beruht auf pflanzlichen Inhaltsstoffen.

   a) Aus welchem Zeitalter stammen die ersten Hinweise auf eine farbliche Veränderung? (1 Punkt)

   b) Nennen Sie drei Pflanzen, die auch heute noch verwendet werden. (3 Punkte)

   c) Nennen Sie jeweils drei Vorteile und drei Nachteile von reinen Pflanzenfarben. (6 Punkte)

   Vorteile:

   Nachteile:

6. Ihre Kundin äußert bei der Färbung den Wunsch nach einem passenden Make-up.

   a) Benennen Sie zwei Punkte, die Sie klären müssen, um die richtigen Präparate auszuwählen. (2 Punkte)

   b) Die Kundin stört sich an ihren buschigen, zusammengewachsenen Augenbrauen. Führen Sie zwei Möglichkeiten der Haarentfernung beim Friseur an. (2 Punkte)

Prüfung 5

FRISEURTECHNIKEN · LÖSUNGEN

5. Die älteste Form der farblichen Veränderung beruht auf pflanzlichen Inhaltsstoffen.

   a) Aus welchem Zeitalter stammen die ersten Hinweise auf eine farbliche Veränderung? (1 Punkt)

   Bei den Ägyptern (3.000–300 v. Chr.)

   b) Nennen Sie drei Pflanzen, die auch heute noch verwendet werden. (3 Punkte)

   z. B. Henna, z. B. Indigo (Reng-Pflanze)

   z. B. Kamille, z. B. Walnuss

   z. B. Salbei

   c) Nennen Sie jeweils drei Vorteile und drei Nachteile von reinen Pflanzenfarben. (6 Punkte)

   Vorteile: *z. B. geben dem Haar Glanz; z. B. verändern die Farbrichtung,*

   z. B. verbessern die Kämmbarkeit; z. B. adstringieren die Haare.

   Nachteile: *z. B. bei längerer Anwendung wird das Haar brüchig; z. B. geringere*

   Farbauswahl; z. B. keine Hellerfärbung; z. B. geringere Weißabdeckung

   z. B. zeitaufwendig in der Anwendung.

6. Ihre Kundin äußert bei der Färbung den Wunsch nach einem passenden Make-up.

   a) Benennen Sie zwei Punkte, die Sie klären müssen, um die richtigen Präparate auszuwählen. (2 Punkte)

   z. B. Hauttyp, Hautzustand, Anlass, Farbtyp

   b) Die Kundin stört sich an ihren buschigen, zusammengewachsenen Augenbrauen. Führen Sie zwei Möglichkeiten der Haarentfernung beim Friseur an. (2 Punkte)

   z. B. Zupfen

   z. B. Rasieren

   z. B. Wachsen

c) **Ihre Kundin wünscht eine dauerhafte Lösung zur Haarentfernung. Formulieren Sie einen Vorschlag.** (2 Punkte)

_____

_____

_____

d) **Sie empfehlen eine Augenbrauen- und Wimpernfärbung. Kreuzen Sie an, ob die Aussagen dazu stimmen oder nicht stimmen.** (5 Punkte)

Aussage	Stimmt	Stimmt nicht
Vor dem Färben der Wimpern muss die Tusche entfernt werden.	❏	❏
Eine zu hell gewählte Farbe bei den Augenbrauen lässt das Gesicht hart wirken.	❏	❏
Der Farbbrei wird vom Wimpernrand bis in die Wimpernspitzen aufgetragen.	❏	❏
Die Färbemittel werden mit H_2O_2 angemischt.	❏	❏
Der Farbbrei muss mindestens 20 Minuten einwirken.	❏	❏

e) **Bei der Haut werden verschiedene Hauttypen unterschieden. Benennen Sie den Hauttyp bei den folgenden Beispielen mit dem Fachbegriff.** (4 Punkte)

Beschreibung	Hauttyp
Feinporige, glanzlose und eher stumpf wirkende Haut, selten Unreinheiten	_____
Schuppenbildung im Wangenbereich, Unreinheiten an Stirn-Nase-Kinnpartie	_____
leicht vergrößerte Poren in der T-Zone, glattes ebenmäßiges Hautrelief, kein sichtbarer Fettglanz	_____
großporig, Fettglanz und Neigung zu Unreinheiten im ganzen Gesicht, unebenmäßiges Hautbild	_____

Friseurtechniken · Lösungen

c) Ihre Kundin wünscht eine dauerhafte Lösung zur Haarentfernung. Formulieren Sie einen Vorschlag. (2 Punkte)

z. B. Gehen Sie zu einer Fachkraft, z. B. zu einem Facharzt und lassen sich dort mittels einer Laserbehandlung die Haare dauerhaft entfernen.

d) Sie empfehlen eine Augenbrauen- und Wimpernfärbung. Kreuzen Sie an, ob die Aussagen dazu stimmen oder nicht stimmen. (5 Punkte)

Aussage	Stimmt	Stimmt nicht
Vor dem Färben der Wimpern muss die Tusche entfernt werden.	X	❏
Eine zu hell gewählte Farbe bei den Augenbrauen lässt das Gesicht hart wirken.	❏	X
Der Farbbrei wird vom Wimpernrand bis in die Wimpernspitzen aufgetragen.	X	❏
Die Färbemittel werden mit H_2O_2 angemischt.	X	❏
Der Farbbrei muss mindestens 20 Minuten einwirken.	❏	X

e) Bei der Haut werden verschiedene Hauttypen unterschieden. Benennen Sie den Hauttyp bei den folgenden Beispielen mit dem Fachbegriff. (4 Punkte)

Beschreibung	Hauttyp
Feinporige, glanzlose und eher stumpf wirkende Haut, selten Unreinheiten	*Sebostase*
Schuppenbildung im Wangenbereich, Unreinheiten an Stirn-Nase-Kinnpartie	*Seborrhö sicca*
leicht vergrößerte Poren in der T-Zone, glattes ebenmäßiges Hautrelief, kein sichtbarer Fettglanz	*Normale Haut*
großporig, Fettglanz und Neigung zu Unreinheiten im ganzen Gesicht, unebenmäßiges Hautbild	*Seborrhö oleosa*

f) Auf Wunsch Ihrer Kundin, die jetzt öfters für ein Tages-Make-up zu Ihnen kommen möchte, berechnen Sie mit Ihrer Chefin zusammen den Bruttobedienungspreis dafür.
Die Lohnkosten legen Sie mit 6,30 € fest. Die benötigten Materialien kosten 4,50 €, der Lohngemeinkostenzuschlag beträgt 95 % und der Gewinn soll mit 23 % berechnet werden.
Geben Sie bitte Ihre Rechenwege vollständig an. (8 Punkte)

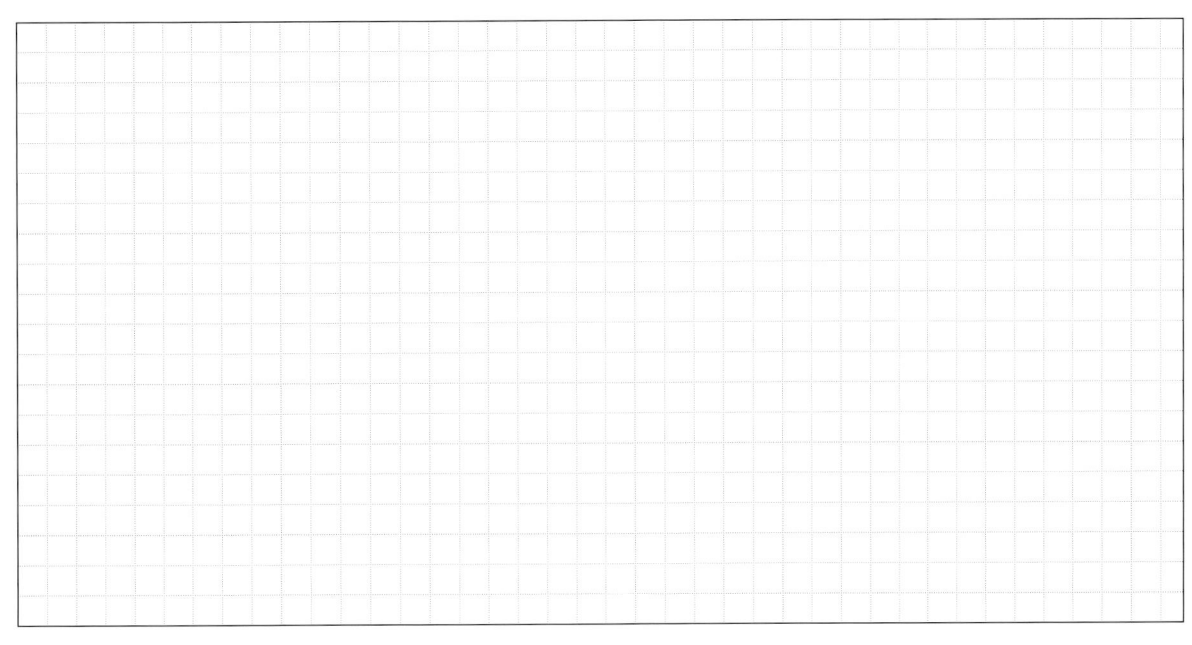

7. Zum Abschluss beginnen Sie mit einer Maniküre. Die Nägel Ihrer Kundin sind bisher relativ kurz und wenig gepflegt.

   a) Geben Sie ihr 4 Tipps, wie man mit brüchigen Nägeln umgehen sollte. (4 Punkte)

FRISEURTECHNIKEN · LÖSUNGEN

f) Auf Wunsch Ihrer Kundin, die jetzt öfters für ein Tages-Make-up zu Ihnen kommen möchte, berechnen Sie mit Ihrer Chefin zusammen den Bruttobedienungspreis dafür.
Die Lohnkosten legen Sie mit 6,30 € fest. Die benötigten Materialien kosten 4,50 €, der Lohngemeinkostenzuschlag beträgt 95 % und der Gewinn soll mit 23 % berechnet werden.
Geben Sie bitte Ihre Rechenwege vollständig an. (8 Punkte)

Lohnkosten	*6,30 €*	
+ Gemeinkosten (6,30 € : 100 % · 95 %)	*5,99 €*	(1 Punkt)
+ Materialkosten	*4,50 €*	
= Selbstkosten	*16,79 €*	(1 Punkt)
+ Gewinn (16,79 € : 100 % · 23 %)	*3,86 €*	(1 Punkt)
= Nettobedienungspreis	*20,65 €*	(1 Punkt)
+ Mehrwertsteuer (20,65 € : 100 % · 19 %)	*3,92 €*	(1 Punkt)
= Bruttobedienungspreis	*24,57 €*	(1 Punkt)

1 Punkt auf das Schema, 1 Punkt für die vollständigen Nebenrechnungen

7. Zum Abschluss beginnen Sie mit einer Maniküre. Die Nägel Ihrer Kundin sind bisher relativ kurz und wenig gepflegt.

a) Geben Sie ihr 4 Tipps, wie man mit brüchigen Nägeln umgehen sollte. (4 Punkte)

z. B. Handschuhe tragen beim Putzen

z. B. regelmäßig eincremen

z. B. zur Nagelspitze hin feilen

z. B. Nagelhärter verwenden

z. B. farblosen Nagellack als Schutz verwenden

z. B. pflegendes Nagelöl auftragen

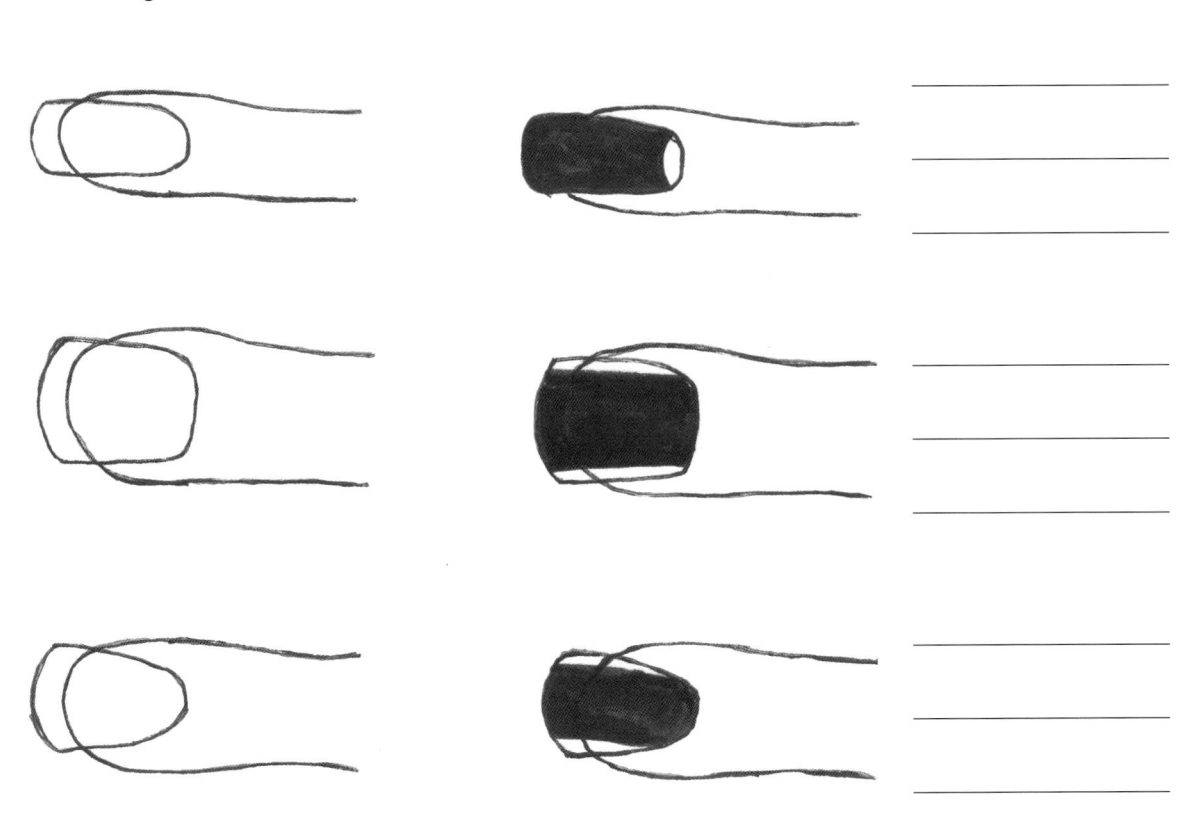

b) **Benennen Sie die folgenden Nagelformen und zeichnen Sie einen ausgleichenden Lackauftrag ein.** (3 Punkte)

_____

_____

_____

FRISEURTECHNIKEN · LÖSUNGEN

b) Benennen Sie die folgenden Nagelformen und zeichnen Sie einen ausgleichenden Lackauftrag ein. (3 Punkte)

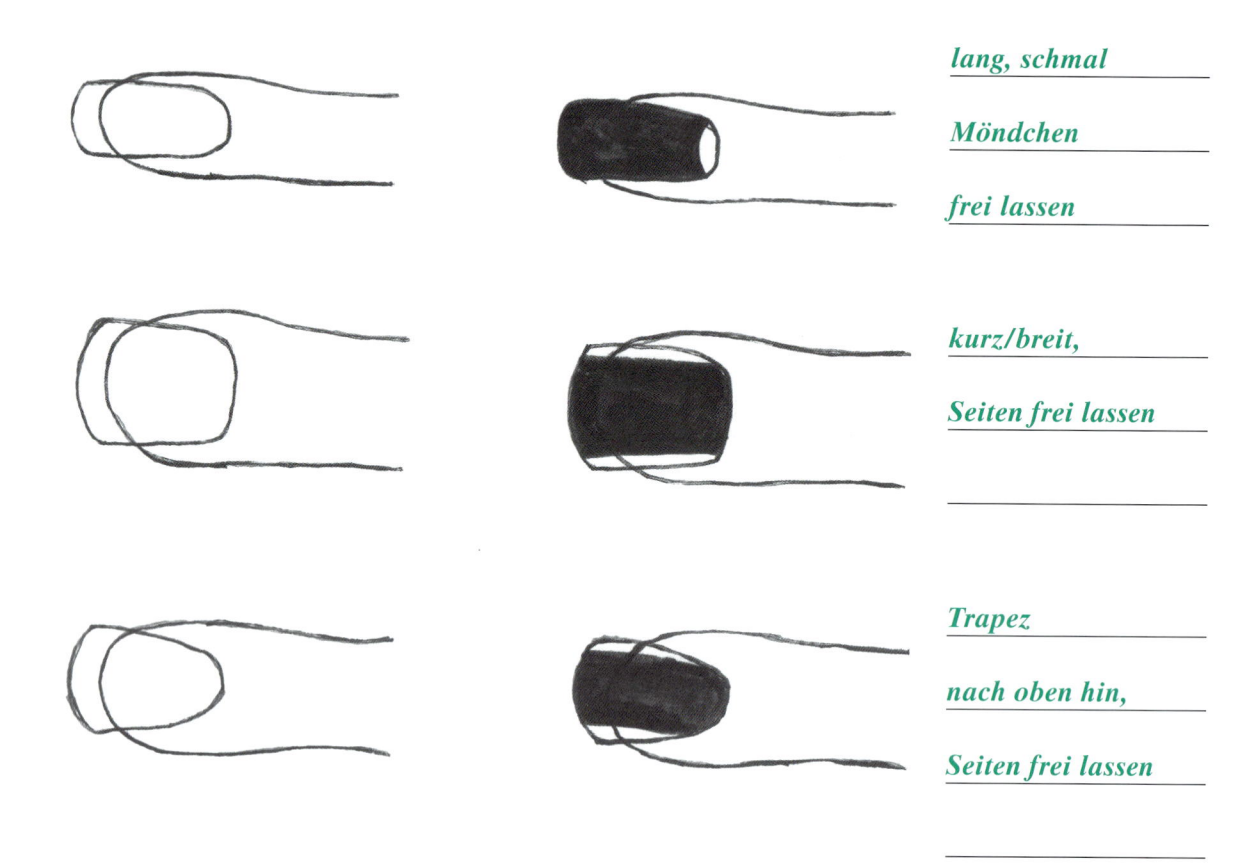

lang, schmal

Möndchen

frei lassen

kurz/breit,

Seiten frei lassen

Trapez

nach oben hin,

Seiten frei lassen

Korrekturhinweis: je Antwort einen halben Punkt

☐ Erreichte Punkte

LÖSUNGSBOGEN
WIRTSCHAFTS- UND SOZIALKUNDE

Name, Vorname: _____   Platzziffer: _____

	a	b	c	d	Korr.	
1						1
2						2
3						3
4						4
5						5
6						6
7						7
8						8
9						9
10						10
11						11
12						12
13						13
14						14
15						15
16						16
17						17
18						18
19						19
20						20
21						21
22						22
23						23
24						24
25						25
	a	b	c	d	Korr.	

Prüfung 5

Wirtschafts- und Sozialkunde · Aufgaben

1. **Vor welchem Gericht werden Streitfälle zum Rentengesetz ausgetragen?**
   a) Schöffengericht
   b) Arbeitsgericht
   c) Sozialgericht
   d) Familiengericht

2. **Für welchen Zeitraum spricht das Mutterschutzgesetz ein absolutes Beschäftigungsverbot aus?**
   a) 6 Wochen vor und 8 Wochen nach der Geburt
   b) 8 Wochen nach der Geburt
   c) 6 Wochen nach und 8 Wochen vor der Geburt
   d) 6 Wochen vor der Geburt

3. **Wofür steht die Abkürzung GbR bei Müller GbR?**
   a) Müller Gemeinschaft bürgerlichen Rechts
   b) Gebrüder Müller
   c) Müller Gesellschaft bei Rechtsausschluss
   d) Müller Gesellschaft bürgerlichen Rechts

4. **Welche Staatsbürgerpflicht wird durch die Schattenwirtschaft (Schwarzarbeit) verletzt?**
   a) Wahlpflicht
   b) Steuerpflicht
   c) Meldepflicht
   d) Versicherungspflicht

5. **In welcher Reihenfolge verlaufen die Phasen des Konjunkturverlaufs?**
   a) Expansion, Boom, Rezession, Depression
   b) Rezession, Boom, Depression, Expansion
   c) Abschwung, Hochkonjunktur, Talsohle, Aufschwung
   d) Aufschwung, Hochkonjunktur, Depression, Rezession

6. **Woran lässt sich Konjunktur messen?**
   a) Bruttoauslandsprodukt
   b) Bruttoinlandsprodukt
   c) Sozialinlandsprodukt
   d) Sozialauslandprodukt

7. **Welches sind die wichtigsten gesetzlichen Grundlagen während der Lehrzeit der 16-jährigen Friseurauszubildenden Yvonne?**
   a) Jugendarbeitsschutzgesetz, Bürgerliches Gesetzbuch
   b) Sozialgesetzbuch, Berufsbildungsgesetz
   c) Berufsbildungsgesetz, Jugendarbeitsschutzgesetz
   d) Bundesurlaubsgesetz, Berufsbildungsgesetz

8. **Was ist Inflation?**
   a) Kaufkraft sinkt, Preise steigen
   b) Waren und Dienstleistungen werden billiger
   c) Kaufkraft steigt, Preise sinken
   d) Wert des Geldes nimmt zu

9. **Welches Merkmal beschreibt das im Friseurhandwerk übliche Einzelunternehmen?**
   a) Alleinige Haftung mit Geschäftsvermögen
   b) Haftung auf Kapitaleinlage beschränkt
   c) Alleinige Haftung mit Privat- und Geschäftsvermögen
   d) Haftung mit beschränkter Vermögenseinlage

10. **Welches Problem kennzeichnet die freie Marktwirtschaft?**
    a) Einfallslose Güterproduktion nach Plan
    b) Arbeitslosigkeit
    c) Aufwendiger Verwaltungsapparat
    d) Keine freie Berufswahl

11. Das Gesetz gegen den unlauteren Wettbewerb (UWG) sorgt dafür, ...
a) dass Werbung nicht die Vorzüge des beworbenen Produkts herausstellt.
b) dass in der Werbung keine rufschädigenden Vergleiche mit den Mitbewerbern angestellt werden.
c) dass Werbung keine Paradiesvogelwerbung anstellt.
d) dass Werbung irreführende Preisstrategien anstellt.

12. Welches sind die Partner im „Dualen Ausbildungssystem"?
a) Betrieb und überbetriebliche Lehrgänge
b) Berufsschule und überbetriebliche Lehrgänge
c) Berufliche Lehrlingsakademie und überbetriebliche Lehrgänge
d) Ausbildungsbetrieb und Berufsschule

13. Ein Auszubildender kann trotz seines besonderen Kündigungsschutzes außerordentlich gekündigt werden. Wann ist das hier der Fall?
a) Bei ständigem Zuspätkommen
b) Bei lang anhaltender Krankheit
c) Bei Verschlechterung der Sehkraft
d) Bei zurückgehender Kundschaft

14. Welchen Anteil zahlt ein pflichtversicherter Arbeitnehmer zur beruflichen Unfallversicherung?
a) Den gesamten Beitrag
b) Keinen Anteil am Beitrag
c) Die Hälfte des Beitrags
d) Ein Viertel des Beitrags

15. Mit welchen Kampfmaßnahmen können bei Tarifkonflikten die Gewerkschaften und Arbeitgeberverbände reagieren?
a) Streik und Aussperrung
b) Schlichtung und Warnstreik
c) Aussperrung und Urabstimmung
d) Lohnkürzungen und Entlassungen

16. Welcher Arbeitnehmer steht nicht unter einem besonderen Kündigungsschutz?
a) Eine schwangere Gesellin
b) Ein 63-jähriges Mitglied des Betriebsrates
c) Eine 16-jährige Auszubildende in der Probezeit
d) Der 25-jährige Lehrling im dritten Lehrjahr

17. Jugendliche Auszubildende sind ...
a) beschränkt geschäftsfähig.
b) nicht rechtsfähig.
c) voll geschäftsfähig.
d) voll strafmündig.

18. Bei welcher Stelle muss eine arbeitslos gewordene Friseurin ihren Antrag auf Leistung aus der Arbeitslosenversicherung anbringen?
a) Landesversicherungsanstalt
b) Agentur für Arbeit
c) Berufsgenossenschaft
d) Krankenkasse

19. Welche Organisation vertritt bei Tarifverhandlungen die Interessen der Friseurarbeitgeber?
a) Die Gewerkschaft ver.di
b) Die Gewerkschaft Handel, Banken und Versicherungen
c) Der Landesinnungsverband
d) Die Zentralvereinigung des deutschen Handwerks

20. Um Kosten zu sparen, verlagert ein angesehener Hersteller für Haarschneidescheren seine Produktion ins Ausland. Wie nennt man das?
a) Monopol
b) Globalisierung
c) Kartell
d) Oligopol

Wirtschafts- und Sozialkunde · Aufgaben

21. In welcher Zeile stehen ausschließlich Beispiele für das Kulturbedürfnis?
 a) Kino, Zeitung, Nahrung, Handy, Internet, TV
 b) TV, Internet, Luxusvilla, Schmuck, Handy, Radio
 c) TV, Internet, Bücher, kostspielige Perlenkette, Zeitung, Theater
 d) Kino, Zeitung, Bücher, Handy, Theater, Internet

22. Eine volljährige Friseurgesellin arbeitet im Salon 8,5 Stunden täglich. Wie lang muss ihre Ruhepause mindestens sein?
 a) 45 Minuten
 b) 30 Minuten
 c) 15 Minuten
 d) 60 Minuten

23. Wonach richten sich die Beiträge für die gesetzliche Krankenversicherung?
 a) Die Häufigkeit der Erkrankungen
 b) Nach dem Nettolohn
 c) Der Größe der versicherten Familie
 d) Nach dem Bruttolohn

24. Wer übernimmt die Kosten bei einem Wegeunfall?
 a) Die Berufsgenossenschaft
 b) Die gesetzliche Krankenversicherung
 c) Der Arbeitgeber
 d) Die freiwillige Haftpflichtversicherung

25. Wie häufig kann eine Gesellenprüfung im Friseurhandwerk wiederholt werden?
 a) Nur einmal
 b) Jährlich einmal, bis zu drei Jahre
 c) Zweimal
 d) beliebig

LÖSUNGSBOGEN
WIRTSCHAFTS- UND SOZIALKUNDE

Name, Vorname: _____*Lösung*_____ Platzziffer: _____

	a	b	c	d	Korr.	
1			X			1
2		X				2
3				X		3
4		X				4
5	X					5
6		X				6
7			X			7
8	X					8
9			X			9
10		X				10
11		X				11
12				X		12
13	X					13
14		X				14
15	X					15
16			X			16
17	X					17
18		X				18
19			X			19
20		X				20
21				X		21
22		X				22
23				X		23
24	X					24
25			X			25
	a	b	c	d	Korr.	

Wirtschafts- und Sozialkunde

Offene Aufgaben, 25 Punkte
Bearbeitungszeit: 30 Minuten

Lesen Sie die Fragen genau durch und beantworten Sie diese dann möglichst sachlich und stichwortartig.

Es wird nicht die sprachliche Leistung, sondern die Richtigkeit des Inhalts bewertet. Antworten Sie so ausführlich wie nötig, aber so kurz wie möglich.

1. Eine Kundin ruft im Salon an, um einen Termin für einen neuen Haarschnitt mit Farbe auszumachen. Die Inhaberin des Salons gibt ihr einen Termin und trägt diesen in ihren Terminplaner im Computer ein. Diese Computeranlage mit Kassensystem, Kundenkartei und Materialverwaltung hat die Saloninhaberin erst vor kurzem geleast. Für die Farbbehandlung muss sie noch die entsprechende Farbe beim Vertreter einer Haarkosmetikfirma bestellen, damit diese passend zum Termin mit der Kundin im Salon ist.

    a) In diesem Beispiel wird eine Reihe von Verträgen geschlossen. Formulieren Sie die allgemeingültige Definition eines Vertrages. (2 Punkte)

    b) Nennen Sie zwei Vertragsarten, die in dem oben genannten Beispiel vorkommen. (2 Punkte)

    c) Wenn die Saloninhaberin bei ihrem Vertreter Ware bestellt, gehen sowohl sie als auch das Unternehmen, für das der Vertreter arbeitet, Verpflichtungen ein. Welches sind die Hauptpflichten eines Käufers und eines Verkäufers? (4 Punkte)

    Käufer:

    Verkäufer:

    d) Die Saloninhaberin hat die neue Computeranlage geleast. Welche Vorteile hat Leasing für die Unternehmerin? (2 Punkte)

WIRTSCHAFTS- UND SOZIALKUNDE · LÖSUNGEN

1. Eine Kundin ruft im Salon an, um einen Termin für einen neuen Haarschnitt mit Farbe auszumachen. Die Inhaberin des Salons gibt ihr einen Termin und trägt diesen in ihren Terminplaner im Computer ein. Diese Computeranlage mit Kassensystem, Kundenkartei und Materialverwaltung hat die Saloninhaberin erst vor kurzem geleast. Für die Farbbehandlung muss sie noch die entsprechende Farbe beim Vertreter einer Haarkosmetikfirma bestellen, damit diese passend zum Termin mit der Kundin im Salon ist.

   a) In diesem Beispiel wird eine Reihe von Verträgen geschlossen. Formulieren Sie die allgemeingültige Definition eines Vertrages. (2 Punkte)

   Verträge kommen durch zwei übereinstimmende Willenserklärungen

   (Antrag und Annahme) zustande.

   b) Nennen Sie zwei Vertragsarten, die in dem oben genannten Beispiel vorkommen. (2 Punkte)

   z. B. Dienstleistungsvertrag

   z. B. Kaufvertrag

   z. B. Leasingvertrag

   c) Wenn die Saloninhaberin bei ihrem Vertreter Ware bestellt, gehen sowohl sie als auch das Unternehmen, für das der Vertreter arbeitet, Verpflichtungen ein. Welches sind die Hauptpflichten eines Käufers und eines Verkäufers? (4 Punkte)

   Käufer: *z. B. Ware abnehmen und den Kaufpreis fristgemäß zahlen*

   Verkäufer: *z. B. Ware rechtzeitig und an den richtigen Ort liefern,*

   z. B. Ware mängelfrei liefern

   d) Die Saloninhaberin hat die neue Computeranlage geleast. Welche Vorteile hat Leasing für die Unternehmerin? (2 Punkte)

   z. B. die Leasingraten sind steuerlich absetzbar

   z. B. nach Ende des Vertrages kann sie das alte Gerät gegen ein neues,

   aktuelles Gerät tauschen

e) Der Salon feiert sein fünfjähriges Bestehen. Daher bekommt die Kundin zum Abschluss der Behandlung eine Flasche Shampoo geschenkt. Auch hier ist ein Vertrag zwischen dem Salon und der Kundin zustande gekommen. Um welchen Vertrag handelt es sich hier?
Erklären Sie diesen kurz. (3 Punkte)

_____

2. Der Friseursalon ist ein wirtschaftlich handelndes Unternehmen. Dieses Handeln erfolgt nach zwei ökonomischen Prinzipien, dem Minimal- und dem Maximalprinzip. Aus Anlass des fünften Geburtstags des Salons möchte die Inhaberin nun eine Werbekampagne im Ort durchführen. Laut der beiden ökonomischen Prinzipien gibt es zwei Vorgehensweisen:

Beispiele:

y. Sie hat 1.000,– € zur Verfügung und wird diese für ihre Werbung ausgeben.

z. Sie plant eine Zeitungsannonce und möchte in der Stadt Flyer verteilen. Dazu lässt sie sich verschiedene Kostenvoranschläge geben, um dann den günstigsten Anbieter zu wählen.
Definieren Sie beide ökonomischen Prinzipien und ordnen Sie jeweils die möglichen Vorgehensweisen der Inhaberin (y. und z.) zu.
Tragen Sie Ihre Ergebnisse in die Tabelle ein. (4 Punkte)

	Definition	Beispiel y. oder z.
Minimal-prinzip		
Maximal-prinzip		

WIRTSCHAFTS- UND SOZIALKUNDE · LÖSUNGEN

e) Der Salon feiert sein fünfjähriges Bestehen. Daher bekommt die Kundin zum Abschluss der Behandlung eine Flasche Shampoo geschenkt. Auch hier ist ein Vertrag zwischen dem Salon und der Kundin zustande gekommen. Um welchen Vertrag handelt es sich hier?
Erklären Sie diesen kurz. (3 Punkte)

Es handelt sich um einen Schenkungsvertrag (1 Punkt).

z. B. das Eigentum wird übertragen, ohne dass der Beschenkte Geld dafür zahlt (2 Punkte)

2. Der Friseursalon ist ein wirtschaftlich handelndes Unternehmen. Dieses Handeln erfolgt nach zwei ökonomischen Prinzipien, dem Minimal- und dem Maximalprinzip. Aus Anlass des fünften Geburtstags des Salons möchte die Inhaberin nun eine Werbekampagne im Ort durchführen. Laut der beiden ökonomischen Prinzipien gibt es zwei Vorgehensweisen:

Beispiele:

y. Sie hat 1.000,– € zur Verfügung und wird diese für ihre Werbung ausgeben.

z. Sie plant eine Zeitungsannonce und möchte in der Stadt Flyer verteilen. Dazu lässt sie sich verschiedene Kostenvoranschläge geben, um dann den günstigsten Anbieter zu wählen.
Definieren Sie beide ökonomischen Prinzipien und ordnen Sie jeweils die möglichen Vorgehensweisen der Inhaberin (y. und z.) zu.
Tragen Sie Ihre Ergebnisse in die Tabelle ein. (4 Punkte)

	Definition	Beispiel y. oder z.
Minimal-prinzip	*z. B. ein vorgegebenes Ziel (Investition) mit möglichst wenig Mitteln (Geld) zu erreichen*	*z*
Maximal-prinzip	*z. B. mit vorhandenen Mitteln (Geld) möglichst viel zu erhalten*	*y*

3. Die wirtschaftliche Entwicklung in der sozialen Marktwirtschaft, Konjunktur genannt, verläuft in vier Phasen. Auch im Friseurhandwerk machen sich konjunkturelle Auswirkungen bemerkbar. Wie wirken sich zum einen die wirtschaftliche Hochkonjunktur und zum anderen eine Depression auf die Mitarbeitersituation (Beschäftigung und Einkommen) und auf das Konsumverhalten der Kundschaft im Salon aus?

Füllen Sie dazu mit je zwei Aspekten die Tabelle stichpunktartig aus. (8 Punkte)

	Mitarbeitersituation in einem Betrieb	Kundenverhalten
Hochkonjunktur		
Depression		

WIRTSCHAFTS- UND SOZIALKUNDE · LÖSUNGEN

3. Die wirtschaftliche Entwicklung in der sozialen Marktwirtschaft, Konjunktur genannt, verläuft in vier Phasen. Auch im Friseurhandwerk machen sich konjunkturelle Auswirkungen bemerkbar. Wie wirken sich zum einen die wirtschaftliche Hochkonjunktur und zum anderen eine Depression auf die Mitarbeitersituation (Beschäftigung und Einkommen) und auf das Konsumverhalten der Kundschaft im Salon aus?

Füllen Sie dazu mit je zwei Aspekten die Tabelle stichpunktartig aus. (8 Punkte)

	Mitarbeitersituation in einem Betrieb	Kundenverhalten
Hochkonjunktur	*z. B. viele Mitarbeiter werden gebraucht/Neueinstellungen* *z. B. Teilzeitverträge werden aufgestockt, um der zunehmenden Kundschaft gerecht zu werden.* *z. B. Löhne steigen*	*z. B. die Kundschaft ist bereit Geld für Dienstleistungen auszugeben (hohe Investitionsbereitschaft)* *z. B. die Kundschaft nimmt vermehrt auch zusätzliche Angebote in Anspruch (Farbe, Kosmetik, …)*
	z. B. hohe Trinkgelderwartung *z. B. Fachkräftemangel* (2 Punkte)	*z. B. die Kundschaft kommt häufiger zur Behandlung* (2 Punkte)
Depression	*z. B. es werden weniger Mitarbeiter gebraucht* *z. B. Einstellungsstopp* *z. B. Entlassungen*	*z. B. es werden nur noch minimale Behandlungen gewünscht, wie Schneiden und selber föhnen, da die Kundschaft kein Geld mehr zur Verfügung hat (zunehmende Arbeitslosigkeit, Einkommen sinken)* *z. B. die Kundschaft kommt nur noch, wenn es Angebote gibt*
	z. B. Teilzeitverträge werden reduziert *z. B. Löhne sinken* *z. B. keine Trinkgelderwartung* (2 Punkte)	*z. B. die Kundschaft kommt nicht mehr so häufig zur Behandlung* (2 Punkte)